Leslie

COLLECTION TEL

R. D. LAING

Soi
et les Autres

TRADUIT DE L'ANGLAIS
PAR GILBERTE LAMBRICHS

Gallimard

Cet ouvrage a initialement paru
dans la collection « Les Essais » en 1971.

PRÉFACE
A LA PREMIÈRE ÉDITION

Je vais essayer de dépeindre des personnes à l'intérieur d'un système social ou « nexus » de personnes, afin de tenter de comprendre quelques-unes des manières dont chacune affecte l'expérience que chaque personne fait d'elle-même et comment l'interaction prend forme. Chacun contribue à l'accomplissement ou à la destruction de l'autre.

Ce livre forme une partie du résultat de la recherche sur les processus d'interaction, particulièrement dans les mariages et les familles, et se réfère notamment mais non pas exclusivement à la psychose telle qu'elle a été étudiée au Tavistock Institute of Human Relations et à la Tavistock Clinic. Je voudrais remercier ces organisations d'avoir facilité mon travail à tous points de vue.

J'ai été grandement aidé, dans la mise au point finale du manuscrit, par une bourse du Foundation Fund for Research in Psychiatry, ce dont je suis très reconnaissant à cette institution.

Ce livre doit beaucoup à de nombreuses sources dont, pour la plupart, il est peu question dans le texte lui-même — à la psychanalyse, particulièrement les ouvrages de Fairbairn, Melanie Klein, Bion, Winnicott, Rycroft, Erikson, Marion Milner ; à la psychologie analytique ; à la recherche américaine en matière de communication, de perception de la personne, de processus familiaux.

Depuis deux ans, la teneur de ce livre a fait l'objet d'études de la part de collègues et d'amis. Je voudrais remercier tout spécialement le Dr Karl Abenheimer, M. J. A. Ambrose, le Dr John Bowlby, le Dr David Cooper, le Dr A. Esterson, le Dr Marie Jahoda, le Dr P. E. S. Lomas, le Dr E. P. Michell, Mme Marion Milner, le professeur J. Romano, le Dr Charles Rycroft, le Dr Dennis Scott, le Dr Paul Senft, le Dr J. D. Sutherland, le Dr D. W. Winnicott ; ainsi que mes collègues en matière de recherche, le Dr A. Russel Lee et M. Herbert Phillipson. Le Dr Lee achève actuellement une monographie sur « La Schizophrénie dans le nexus familial ».

R. D. LAING.

Londres, juin 1961.

PRÉFACE
À LA DEUXIÈME ÉDITION

Ce livre a été considérablement revu, sans toutefois subir de changements essentiels. Il demeure une tentative de combiner l'expérience et le comportement en une théorie cohérente, puisqu'ils sont ainsi combinés dans la vie réelle. La tendance théorique à les séparer l'un de l'autre se poursuit depuis la rédaction de cet ouvrage. J'aimerais situer celui-ci aux côtés des efforts relativement rares, accomplis depuis quelques années, pour comprendre en termes personnels les relations entre personnes.

J'espère que le lecteur érudit ne sera pas dérouté par l'usage très spécial que je fais du mot fantasme. Il faudrait une autre étude pour passer en revue les divers emplois de ce terme dans la pensée occidentale, et même les différentes manières dont il est utilisé dans la psychanalyse elle-même. L'emploi, par Freud, du concept de fantasme inconscient a été examiné d'un point de vue critique par Laplanche et Pontalis (1964).

Certaines énigmes posées par le concept de fantasme inconscient peuvent être résolues grâce à la théorie du traçage. J'ai esquissé récemment comment cela pouvait se faire (Laing, 1969).

En résumé, si je projette un élément x de l'ensemble A sur un élément y de l'ensemble B, et si nous appelons φ l'opération de projection ou de traçage, y est appelé l'image de x en φ. L'opération φ est une fonction par laquelle y acquiert la valeur φ de x. Johnny est l'image de son grand-père. Un ensemble de relations peut être tracé sur un autre ensemble de relations, et des éléments d'un ensemble peuvent être tracés sur eux-mêmes. Ce n'est pas ici le lieu de développer ces idées mais il convient peut-être de suggérer simplement que cette formule clarifie, selon moi, le double usage du mot fantasme, soit dans les expressions : le « contenu » du fantasme, et le fantasme en tant que « fonction ». En tant que fonction, le fantasme peut être considéré comme une opération de traçage, de n'importe quel domaine de l'expérience sur n'importe quel champ de l'expérience. Il me paraît même possible de concevoir des désirs (pulsions) qui soient non pas vécus, pour ainsi dire, *en* eux-mêmes, mais tracés sur l'expérience, de telle manière que le champ de l'expérience ainsi tracé acquière une valeur φ (de fantasme), et de concevoir qu'une personne puisse ne pas reconnaître elle-même que le champ de l'expérience a acquis cette valeur φ, généralement appelée « contenu » inconscient du fantasme.

R.D.L.

Londres, mai 1969.

> *La sortie passe par la porte.*
> *Pourquoi n'y a-t-il personne qui*
> *emprunte ce moyen?*
>
> CONFUCIUS.

Première partie

LES MODES DE L'EXPÉRIENCE INTERPERSONNELLE

CHAPITRE PREMIER
Fantasme et expérience

Nous parlons, un peu sommairement, d'actes et d'expériences qui ont lieu « dans la mémoire », « en rêve », « en imagination » et « en réalité ». Selon certains psychanalystes, nous pourrions également parler d'expériences qui se produisent « dans » le « fantasme inconscient ». Mais le fantasme inconscient est-il un mode ou un type de l'expérience ? S'il l'est, il l'est avec une différence. S'il ne l'est pas, qu'est-il sinon un produit de l'imagination ?

La thèse psychanalytique peut être formulée de la façon suivante : il n'est pas *possible* de prouver l'existence du fantasme inconscient à la personne qui s'y trouve immergée. Le fantasme inconscient ne peut être reconnu comme fantasme qu'après que la personne en a émergé. Cette manière de présenter la question, comme toutes les autres d'ailleurs, soulève bien des objections. Ce qui n'arrange pas les choses, c'est que le concept de fantasme inconscient a été très peu étudié d'un point de vue existentiel et phénoménologique. Et cependant, aucune description globale des relations humaines ne saurait ignorer cet aspect du problème.

Un article[1] de Susan Isaacs intitulé « Nature et fonction du phantasme » nous servira de point de départ. Je commencerai par cette version de la théorie psychanalytique du fantasme parce qu'elle demeure une étude importante qui n'a pas été dépassée et que S. Isaacs semble considérer le fantasme comme, notamment, un *mode d'expérience*.

I

S. Isaacs dit ceci : « Ce chapitre est surtout destiné à définir le terme " phantasme[2] ", c'est-à-dire à décrire *les séries de faits* que l'usage du terme nous aide à identifier, à organiser et à relier à d'autres séries de faits intéressants » (p. 65).

Elle résume son propos comme suit :

1° *Le concept de phantasme* s'est progressivement étendu dans la pensée psychanalytique. Il exige maintenant un éclaircissement et une plus grande extension explicite pour pouvoir intégrer tous les faits qu'il désigne.

2° A propos des idées qui ont été développées :

a) Les phantasmes sont le contenu primaire des processus psychiques inconscients.

b) Les phantasmes inconscients visent d'abord les corps,

---

1. Signalons que ce texte a été accepté, dans l'ensemble, par le groupe Klein de Londres, en tant que prise de position fondamentale. Il a été attaqué par Glover (1945).

2. Nous avons respecté, dans ces citations, l'orthographe « phantasme », qui figure dans la traduction française du texte de S. Isaacs. Pour le reste du texte, nous avons suivi le *Vocabulaire de la psychanalyse*, de J. Laplanche et J.-B. Pontalis, Paris, P.U.F., 1967. (*N.d.T.*)

et représentent les finalités pulsionnelles vers les objets.

c) Ces phantasmes sont, au premier chef, les représentants psychiques des pulsions libidinales et destructrices ; très tôt dans le développement, ils s'élaborent comme défenses, aussi bien que comme satisfactions de désirs et comme contenus de l'angoisse.

d) « La satisfaction hallucinatoire des désirs », l' « identification primaire », l' « introjection » et la « projection » postulées par Freud, sont la base de la vie phantasmatique.

e) Grâce à l'expérience extérieure, les phantasmes s'élaborent et deviennent susceptibles d'expression, mais leur existence ne dépend pas de cette expérience.

f) Les phantasmes ne dépendent pas des mots, quoiqu'ils puissent dans certaines circonstances s'exprimer au moyen des mots.

g) Les tout premiers phantasmes sont vécus comme sensations ; plus tard, ils prennent la forme d'images plastiques et de représentations dramatiques.

h) Les phantasmes ont à la fois des effets psychiques et corporels, par exemple des symptômes de conversion, des qualités corporelles, le caractère et la personnalité, les symptômes névrotiques, les inhibitions et les sublimations.

i) Les phantasmes inconscients constituent le lien actif entre les *pulsions* et les *mécanismes*. Si on l'étudie en détail, chaque sorte de mécanisme du moi peut être comprise comme dérivant de sortes spécifiques de phantasmes, qui, en dernier ressort, ont leur origine dans les motions pulsionnelles. « Le moi est une partie différenciée du ça. » Le terme « mécanisme » est un terme général et abstrait, qui décrit certains processus psychiques qui sont vécus par le sujet comme phantasmes inconscients.

j) L'adaptation à la réalité et la pensée selon la réalité exigent le soutien de phantasmes inconscients concordants. L'observation de la manière dont la connaissance du monde extérieur se développe nous montre l'apport des phantasmes de l'enfant à cet apprentissage.

k) Les phantasmes inconscients exercent une influence

constante tout au long de la vie, aussi bien sur les personnes normales que sur les névrosés. La différence réside dans le caractère spécifique des phantasmes dominants, dans le désir ou l'angoisse qui leur est associé, et dans leur interaction entre eux-mêmes et avec la réalité extérieure (*p. 107-108*).

Le terme de fantasme désigne expressément des séries de faits. Quel est le *domaine* de ces séries de faits ? S'agit-il de faits *de* l'expérience ? de mon expérience ? de la vôtre ? de mon expérience de vous, mais non pas de *votre* expérience de vous-même ? Sont-ce des faits non pas *de* mon expérience mais déduits de faits de mon expérience ? par moi, me concernant ? par moi, vous concernant ? Leur domaine se situe-t-il quelque part dans l'expérience de soi et d'autrui, ou en dehors de toute expérience, bien qu'ils en soient déduits ? Les fantasmes sont vécus comme des représentations dramatiques. Qu'est-ce que cela signifie ? Des représentations dramatiques peuvent-elles être vécues comme des fantasmes ? De qui, et par qui ?

L'article d'Isaacs traite principalement des déductions faites par *soi-même* au sujet d'*autrui*. D'après mon expérience, on ne fait pas soi-même directement l'expérience de l'expérience d'autrui. Les faits d'autrui accessibles au soi sont les actions d'autrui dont on fait soi-même l'expérience.

Dans la perspective du soi[1] voyant l'autre, Isaacs, à partir de son expérience des actions de l'autre, procède à des déductions concernant l'expérience de l'autre.

---

1. Afin d'éviter toute confusion, nous avons cru devoir traduire le terme *self* par « soi », ou « le soi » (*N.d.T.*).

C'est l'adulte qui déduit l'expérience du bébé. Le bébé ne nous dit rien. L'adulte déduit du comportement du bébé que l'expérience faite par celui-ci d'une situation commune à l'adulte et au bébé est pareille à ou différente de l'expérience que fait l'adulte de la « même » situation.

Isaacs dit ceci : « Nos idées sur le phantasme dans ces premières années sont fondées presque entièrement sur la déduction, mais d'autre part cela est vrai aussi pour les phantasmes à n'importe quel âge. Les phantasmes inconscients sont toujours déduits, jamais observés comme tels, et la technique analytique dans son ensemble est fondée en grande partie sur des connaissances déduites » (p. 66).

Pour être conséquents, il semble que nous n'ayons pas d'autre choix que de maintenir que la connaissance qu'on a soi-même de l'expérience d'autrui, quelle qu'elle soit, consciente ou inconsciente, est entièrement fondée, pour chacun et à tout âge, sur la déduction, comme Isaacs l'affirme dans la seconde phrase citée ci-dessus à propos du fantasme inconscient. Puisque, pour Isaacs, les fantasmes sont des processus « internes », « psychiques », on ne peut accéder *directement* qu'à ses propres fantasmes. Autrui *ne peut que* les déduire. L'idée que « l'esprit », « l'inconscient », ou le « fantasme » sont localisés à l'intérieur d'une personne et, *dans ce sens*, sont inaccessibles à autrui, a des conséquences d'une grande portée sur l'ensemble de la théorie et de la méthode psychanalytiques.

En se référant non pas simplement à l'imagination, aux rêves éveillés, ou rêveries, mais au « fantasme inconscient », Isaacs pratique deux sortes de déductions à partir de sa position en tant que propre personne, à savoir : elle déduit quelque chose concernant l'expérience de l'autre *et* que ce quelque chose, l'autre l'ignore. Ce qui semble signifier qu'il existe toute une *catégorie* d'expériences ainsi qu'un « contenu » spécifique *de* l'expérience dont l'autre, qui « possède » l'expérience en question, ne sait rien ou ne peut rien savoir. D'après ses prémisses, les déductions qu'on fait soi-même n'ont pas besoin d'être corroborées par le témoignage explicite d'autrui pour être particulièrement confirmées.

Quand on est soi-même l'analyste et autrui l'analysé, la propre personne déclare :

La personnalité, les attitudes, les intentions, et même les caractéristiques extérieures et le sexe de l'analyste, *tels qu'ils sont vus et sentis dans le psychisme du patient,* se transforment de jour en jour (et même de moment en moment) selon les transformations de la vie intérieure du patient (que celles-ci soient produites par les commentaires de l'analyste ou par des événements extérieurs). C'est-à-dire que *la relation du patient avec son analyste est presque entièrement une relation fondée sur le phantasme inconscient* (p. 75).

La propre personne déduit du comportement de l'autre que le comportement de l'autre a une « signification » à laquelle celui-ci est aveugle et, dans ce sens, que l'autre ne peut pas « voir » ou « réaliser » ce qu'impliquent ses propres actions.

L'analyste dit alors : « Le patient est dominé par un fantasme "inconscient". »

Nous distinguerons à présent deux usages du terme « inconscient ». Premièrement, le terme « inconscient » peut désigner des structures dynamiques, des fonctions, des mécanismes, des processus destinés à expliquer les actes ou les expériences d'une personne. Ces structures, fonctions, mécanismes ou processus sont en dehors de l'expérience, mais on les utilise pour « expliquer » l'expérience, qu'elle soit qualifiée de consciente ou d'inconsciente. Ces concepts se situent en dehors de l'expérience, mais ont pour origine des déductions concernant l'expérience. Si ces déductions sont inexactes, tout ce qu'on échafaude sur elles est entièrement faux.

En second lieu, « inconscient » peut signifier que celui qui emploie ce terme prétend que, soit lui, soit l'autre ignore une partie de sa propre expérience, en dépit de l'absurdité apparente de cette affirmation.

L'on peut alors se demander : quel est le statut expérientiel du « fantasme inconscient », selon l'usage qu'Isaacs fait de ce terme ? Isaacs déclare à maintes reprises que le fantasme inconscient est une expérience :

> Le terme « mécanisme » est un terme général et abstrait qui décrit certains processus psychiques *qui sont vécus par le sujet comme phantasmes inconscients* (p. 108 ; *les italiques sont de moi*).

Et :

> Le phantasme est (avant tout) le corollaire mental, le représentant psychique de la pulsion. Il n'y a pas de pulsion, pas de besoin ni de réaction pulsionnelle *qui ne soient vécus comme phantasme insconcient* (p. 79 ; *les italiques sont de moi*).

A partir des principes d'observation et d'interprétation que nous avons déjà décrits et qui sont solidement établis par le travail psychanalytique, nous pouvons conclure que, lorsque l'enfant manifeste son désir du sein de sa mère, il *vit* ce désir comme un phantasme spécifique : « Je veux sucer le mamelon. » Si ce désir est très intense (peut-être à cause de l'angoisse), il est bien possible qu'il sente : « Je veux la manger tout entière » (*p. 81 ; les italiques sont dans le texte original*).

Pour Isaacs, le fantasme inconscient est une manière de vivre nos désirs qui joue un rôle dans nos relations personnelles durant toute notre vie.

II

Est-ce une contradiction dans les termes que de parler d' « expérience inconsciente » ? L'expérience de quelqu'un comprend tout ce dont « il » ou « toute partie de lui » a connaissance, peu importe s' « il » ou tout ce qui fait partie de lui a conscience ou non de chacun des niveaux de cette connaissance. Ses expériences sont internes ou externes ; elles concernent son propre corps ou les corps d'autres personnes ; elles sont réelles ou irréelles ; intimes ou partagées. La psychanalyse soutient que nos désirs se présentent à nous dans notre expérience, mais que nous pouvons ne pas les reconnaître. Dans ce sens-là, nous sommes inconscients de notre expérience. Nous l'interprétons mal.

Toutefois, même si nous pouvons trouver une formule pour éviter d'employer le terme d' « inconscient » pour qualifier directement l'expérience, certains points, dans l'article d'Isaacs, présentent des difficultés apparemment insurmontables. On les rencontre tout au long de l'exposé d'Isaacs et dans la théorie psychanalytique en général. Elles se cristallisent dans le passage suivant :

Si on le compare avec la réalité extérieure et avec la réalité corporelle, le phantasme, comme les autres activités psychiques, est une fiction, puisqu'il ne peut être touché, saisi, ni vu ; et pourtant il est réel comme expérience subjective. C'est une fonction psychique véritable, qui a des effets réels non seulement dans le monde intérieur du psychisme, mais aussi dans le monde externe du développement corporel et du comportement du sujet, et, à partir de là, dans le psychisme et dans le corps des autres sujets (*p.* 95-96).

Le fantasme est « réel comme expérience subjective ». C'est aussi « une fiction, *puisqu'*il ne peut être touché, saisi, ni vu ». Ce terme désigne à la fois des expériences « réelles » dont le sujet est inconscient et une fonction psychique qui a des effets « réels ». Ces *effets* réels sont les vraies expériences. Le fantasme paraît être à présent sa propre *cause* en tant qu'effet, et son propre effet en tant que cause. Il se peut que nous touchions ici à une intuition critique, obscurcie par la confusion où nous ont entraînés certaines de nos distinctions théoriques.

Cette confusion a notamment pour origine le schéma dichotomique particulier qui sert de cadre à l'ensemble de la théorie. Ce schéma particulier implique la distinction entre « le monde intérieur du psychisme » d'une part, et, d'autre part, « le monde externe du développement corporel et du comportement du sujet, et, à partir de là, le psychisme et le corps des autres sujets ».

Ce contraste engendre, dans le texte d'Isaacs et

dans de nombreux travaux psychanalytiques, **deux** groupes de termes opposés, à savoir :

intérieur	opposé à	*extérieur*
psychique	opposé à	*physique*
activité psychique	opposée aux	*réalités extérieures et corporelles*
fiction	opposée à	*ce qui peut être touché, saisi, vu*
réalité psychique	opposée à	*réalité physique*
le monde intérieur de l'esprit	opposé au	*monde externe du développement corporel du sujet et, à partir de là, le psychisme et le corps des autres sujets*
psychisme	opposé au	*corps*

D'après cette classification, il nous faut supposer que le fantasme commence à gauche sous forme d'activité psychique intérieure, etc., et opère ensuite une translation vers la droite. En dépit de la position bizarre que nous sommes amenés à adopter, il nous faut supposer qu'il n'entre dans le domaine de l'*expérience* qu'une fois passé à droite. En effet, on nous dit qu'il est vécu dans le domaine des réalités extérieures et corporelles, pour ce qui est à la fois du corps propre et du corps d'autrui.

Des termes tels que conversion, passage de l'esprit au corps ; projection, passage de l'intérieur à l'extérieur ; introjection, passage de l'extérieur à l'intérieur, sont captés dans l'enchevêtrement que provoque cette fissure théorique. Au lieu de les appliquer à des faits d'expérience, on les utilise aux fins d'expliquer les artifices de la théorie. La double série (sans même parler des passages) ne fait pas partie de la série de faits qu'Isaacs se propose de décrire. Un individu peut faire l'expérience de soi en fonction de cet ensemble de distinctions. Il « sent » que son « esprit » contient des « contenus », il affirme que son « corps » est « en dehors » de son « esprit ». Aussi étrange que cela paraisse, nous pouvons supposer qu'il ne ment pas et qu'il pèse ses mots. Cependant, c'est une tout autre chose que de prendre cette forme de division de soi comme point de départ théorique.

On peut également *imaginer* que le fantasme se produit « dans » le « psychisme » (*mind*). On se demande pourquoi il faut l'imaginer ainsi sans chercher à résoudre le problème de l'imaginaire proprement dit.

Si l'on n'adopte pas ou si l'on abandonne cette dichotomie particulière, psychique-intérieur et physique-extérieur, d'autres problèmes apparaissent. Ce ne sont pas *les mêmes* problèmes revêtus d'autres mots. Les vrais problèmes doivent dériver des phénomènes eux-mêmes. Dans l'immédiat, le problème consiste à permettre aux problèmes de se poser. Ils ne peuvent le faire que quand les phénomènes ne sont pas masqués par de faux problèmes.

III

La métapsychologie commence nécessairement à partir de l'expérience de quelqu'un, mais quant à savoir de qui est cette expérience et de quel ordre, la chose est rarement évidente.

Les psychanalystes utilisent souvent le mot « réalité » pour désigner ce qui donne sa validité à l'expérience. Mais ce terme, diversement employé, peut se rapporter, par exemple : 1° à ce qui fait naître l'expérience ; 2° à une « qualité » particulière que certaines expériences possèdent et d'autres non ; en outre, dirons-nous sommairement, 3° à tout ce que le « sens commun », ou l'analyste, juge comme tel. Quant à la réalité elle-même, on la distribue dans des casiers étiquetés réalité « psychique », réalité « physique », réalité « intérieure » et réalité « extérieure », réalité « subjective » et réalité « objective ».

Il est utile de distinguer la *qualité* du *mode* de l'expérience. Rêver est un mode d'expérience que la personne éveillée distingue, grâce à divers critères, de la perception à l'état de veille. Le rêve, l'imagination et la perception à l'état de veille sont différents modes d'expérience. « Réalité », au second sens défini ci-dessus, peut être une qualité qui, à certains moments, s'applique à chacune de ces modalités.

Les termes « intérieur » et « extérieur » peuvent être employés à propos de la « réalité » au premier sens du terme. On peut dire que la « réalité intérieure » donne lieu à l'expérience extérieure ou à l'expérience intérieure, et vice versa. Dans l'un ou l'autre cas, la « réalité » au second sens du terme, *de* l'expérience, par opposition à la « réalité » au premier sens du terme, qui engendre l'expérience, peut être considérée comme « intérieure » ou « extérieure » à la frontière supposée de soi ou d'autrui. « Intérieur » est parfois synonyme de « psychique » ou de « subjectif » par opposition à « extérieur », « physique » ou « objectif ». « Intérieur » et « extérieur » peuvent également être employés pour distinguer les rêves de la vie éveillée, ou les événements « imaginaires » des événements « réels », là où la distinction s'applique aux modes de l'expérience.

Le terme « psychisme » est souvent employé pour désigner une réalité située en dehors de l'expérience et d'où celle-ci est issue. Ainsi, Jack reconnaît que Jill éprouve des sensations physiques singulières, mais trouve leur origine dans le « psychisme » de Jill. Elles sont « psychogéniques » et Jill est « hystérique ». Si le corps est classé, comme chez Isaacs, en tant que partie de la « réalité extérieure » — c'est-à-dire « extérieure » au « psychisme » — Jack invoque la « conversion » pour « expliquer » comment « ce qui se passe » « dans » le « psychisme » de Jill est vécu par Jill non pas « dans » son « psychisme » mais « dans » son « corps », c'est-à-dire « dans » la « réalité » « extérieure » ou « physique ».

Utilisés de cette manière, des concepts tels que conversion, projection ou introjection ne *décrivent* pas ce qui se passe effectivement dans l'expérience de quiconque. En tant que « mécanismes » donnés comme des « explications » de l'expérience, il est impossible de dire quelles expériences ils cherchent à « expliquer ». En tant que mécanismes destinés à assurer la navette entre les réalités intérieure et extérieure, ils louvoient entre les distinctions examinées plus haut, du psychique et du physique, de l'intérieur et de l'extérieur, de l'esprit et du corps. Employés de cette manière, ils ne décrivent rien, n'expliquent rien et sont eux-mêmes inexplicables. Une expérience physique est appelée « événement psychique », mais « extérieur au psychisme ». En vue de se justifier, la théorie s'enroule en une spirale qui passe de postulats non phénoménologiques déguisés en attributions expérientielles à des postulats inventés pour « expliquer » comment ce qui est « dans » le « psychisme » est vécu comme « extérieur » au « psychisme », « dans » le « corps ».

Jack attribue à Jill des expériences *et* attribue à Jill l'inconscience de ces expériences. Jill reconnaît qu'elle n'en a pas connaissance. En *méta*psychologie, Jack essaie à présent d' « expliquer » non seulement ses interprétations de données qui lui sont directement accessibles, mais souvent, aussi, ses propres explications de ce qui n'a jamais été des données. Quand Jack infère que Jill « a » des expériences, passées ou présentes, dont elle est inconsciente, il outrepasse gravement sa propre expérience de Jill *et* l'expérience que Jill a d'elle-même ou de lui. Rien ne garantit à Jack qu'il ne dépasse pas *son* expérience *et* celle de Jill, traversant ainsi le miroir pour retrouver, de l'autre côté, ses propres projections.

A mon sens, en Europe comme en Amérique, la majorité des adultes souscriraient à la proposition suivante : l'expérience de l'autre n'est pas directement vécue par soi. Pour l'instant, il importe peu de savoir s'il en est forcément ainsi, s'il en est ainsi ailleurs sur la planète, ou s'il en a toujours été ainsi. Mais si nous sommes d'accord sur le fait que vous ne faites pas l'expérience de mon expérience, nous convenons de ce que nous comptons sur nos communications pour nous renseigner sur ce que nous pensons, sentons, imaginons, rêvons, etc., et sur la façon dont nous le faisons. Les choses vont se compliquer si vous me dites que je *vis* quelque chose que je ne vis pas. Si c'est là, du moins, ce que vous entendez par expérience inconsciente.

Pour autant que je sache, aucun ensemble comparable de problèmes théoriques et pratiques n'existe dans le domaine des sciences naturelles. Les naturalistes ne cherchent pas à tirer des conclusions quant à l'expérience que fait l'*anima mundi* de leurs interventions dans le processus naturel. Cependant, même les naturalistes se rendent compte que les êtres humains font l'expérience les uns des autres. Seuls certains psychologues semblent ne pas s'en douter.

Attribuer à autrui une expérience dont il est inconscient est une autre question. Il serait prématuré d'affirmer qu'il existe déjà une méthode systématique d'investigation du domaine de l'inter-expérience, sans même parler de la phénoménologie *de* semblable méthode.

A chaque instant, nous nous attribuons réciproquement des mobiles, des initiatives, des intentions et des expériences. Etudier qui attribue quoi à qui, quand, pourquoi et comment, est une science en soi. Outre cet ensemble de problèmes qui pourraient absorber plusieurs vies sans être eux-mêmes épuisés, des questions se posent concernant la logique de l'inférence valable dans le domaine de cette science prospective des relations de personne à personne.

La science des relations personnelles est désavantagée du fait que seuls de rares psychologues se soucient de découvrir des méthodes personnelles valables, permettant à des personnes d'étudier d'autres personnes ainsi que les relations entre personnes. De nombreux psychologues ont le sentiment que si la psychologie n'est pas une branche des sciences naturelles, elle n'est pas une science du tout.

C'est tout le contraire. Si je veux apprendre à vous connaître, il est peu probable que je procéderai comme si j'étudiais des nébuleuses ou des rats. Cela ne vous donnerait pas envie de vous découvrir à moi. Quoi que je puisse étudier d'autre, je ne *vous* étudierai pas si je ne vous connais pas. Si vous êtes un habile dissimulateur, vous aurez de bonnes raisons de penser que je n'apprendrai pas grand-chose sur vous en étudiant uniquement votre comportement. Si l'on prétend ne s'intéresser qu'à l'étude du comportement « pur et simple », on n'étudie pas les personnes. Mais, de nos jours, de nombreux psychologues estiment en fait qu'il est scientifiquement impossible de procéder ainsi.

Il est impossible de tirer la logique de base d'une science des personnes de la logique des sciences non personnelles. Aucune branche des sciences naturelles ne demande qu'on fasse appel à ce type particulier d'inférences qu'exige une science des personnes.

Quelqu'un qui étudie l'expérience de quelqu'un d'autre ne peut accéder immédiatement qu'à sa propre expérience de l'autre. Il n'a aucun accès immédiat à l'expérience que l'autre a du « même » monde. Il ne peut pas voir par les yeux de l'autre ou entendre par les oreilles de l'autre. Proust fit remarquer un jour que le seul vrai voyage consisterait non pas à parcourir une centaine de pays avec la même paire d'yeux, mais à voir le même pays avec cent paires d'yeux. Tout ce qu'on « sent », « ressent », « pressent » de l'autre implique l'inférence, à partir de l'expérience qu'on a de l'autre, de l'expérience que l'autre a de vous. Cela présuppose que les actions de l'autre sont en quelque sorte fonction de l'expérience de l'autre, comme je sais qu'il en est pour moi. C'est uniquement sur la base de cette présupposition, quelques réserves qu'on puisse lui apporter, qu'on peut hasarder des inférences concernant l'expérience d'autrui, dans la perspective où nous apparaissent les actions d'autrui.

Les inférences que l'on fait concernant l'expérience de l'autre, à partir des perceptions réelles et immédiates qu'on a de ses actes, font partie de la catégorie des actes d'attribution [1]. Aucune autre science ne peut fournir de critères garantissant la validité de ces attributions personnelles.

Trop de psychanalystes (pas tous, cependant), comme pris dans une porte tournante au seuil de la phénoménologie, ne cessent d'entrer et de sortir, tandis qu'un second mouvement en projete d'autres loin de toute espèce de science. Au-delà de la pure et simple attribution d'initiatives, de mobiles, d'intentions, d'expériences, que le patient désavoue, il existe une extraordinaire exfoliation de forces, d'énergies, de dynamiques, d'économies, de processus, de structures, pour expliquer « l'inconscient ». Les concepts psychanalytiques de cet ordre, doublement chimériques,

---

1. Selon la méthode psychologique de la perception de la personne ; voir, en particulier, Heider (1958).

comprennent des notions de structures mentales, d'économies, de dynamismes, de pulsions de vie et de mort,
d'objets internes [1], etc. Ces notions sont posées en principes régulateurs gouvernant ou sous-tendant des
forces qui gouvernent ou sous-tendent l'expérience que
Jill, selon Jack, possède sans toutefois le savoir, et
telle que Jack l'infère de sa propre expérience du
comportement de Jill. Mais en attendant, quelle *est*
l'expérience que Jack a de Jill, que Jill a d'elle-même
ou qu'elle a de Jack ?

Souvent la situation est encore pire, du fait qu'on
ne sait même pas clairement ce qui est expérience
et ce qui ne l'est pas, et quelle explication est censée
s'appliquer à quoi. On explique des expériences ima-
ginées par des processus qui sont eux-mêmes doublement imaginaires.

Jill peut convenir ou non qu'elle fait l'expérience
d'elle-même, de Jack, ou de la situation, ou encore
qu'elle agit, de la manière qui lui est attribuée par
Jack. Mais Jack, lui, est déjà beaucoup plus loin. Souvent ses inférences ne concernent même pas la façon
dont Jill se voit, le voit ou voit la situation qu'elle
partage avec lui.

Et cependant, toute la théorie psychanalytique re-
pose sur la validité de ce genre d'inférences ; si elles
sont fausses, tout ce qu'on a construit sur elles perd
sa *raison d'être* [2]. Je ne suggère pas que la psychanalyse *prend fin* à ce niveau d'inférence. Je dis que si

---

1. L'expression « objet interne » est employée dans un sens
tantôt phénoménologique, tantôt métapsychologique. Du point
de vue de la psychanalyse, la question de cette ambiguïté
est traitée avec une grande lucidité par Strachey (1941).
2. En français dans le texte.

elle ne *commence* pas à partir de là, elle ne prendra jamais le départ.

Si je n'ai pas employé l'expression d'expérience inconsciente, c'est que je n'arrive pas à résoudre de façon satisfaisante pour mon esprit la contradiction de ces deux termes. Je me rends compte qu'on pourrait peut-être lever cette difficulté en définissant minutieusement l'inconscient et l'expérience mais on risque, en le faisant, de « vider » le bébé avec l'eau du bain.

L'expérience, au sens où je l'entends, n'existe pas sans expérimentateur. L'expérimentateur n'existe pas sans l'expérience. Cependant, un même être humain expérimente diverses choses de diverses manières, à divers moments et parfois en même temps.

A *un* moment donné, Pierre se trouve avec Paul

```
                Imagine
                  ↗
        Pierre →  entend
                  ↙
                  voit
se souvient      et comprend Paul qui lui parle
```

Nous appellerons Pierre imaginant *pi*
                 Pierre se souvenant *pm*
                 Pierre percevant *pp*

Pierre, à ce moment, comprend *pi, pm, pp*.

   pi fait une expérience en imagination
   pm fait une expérience dans la mémoire
   pp fait une expérience dans la perception.

L'imagination, la mémoire, la perception sont trois modes de l'expérience.

Tout Pierre n'est pas en communication avec Paul. Il se peut que la partie de Pierre, qui est en communication avec Paul, ne connaisse même pas l'existence de *pi* et de *pm*. Il se peut que la partie de Pierre en communication avec Paul sache qu' « il », *pi*, imagine quelque chose, mais soit incapable de dire ce que c'est.

Dans ce cas, je serais prêt à dire, un peu sommairement, que Pierre est divisé. Il est inconscient de son imagination, à ce moment. La partie de Pierre en communication avec Paul est inconsciente de ce qui se passe dans son imagination. Pierre *ne communique pas très bien avec lui-même.*

Une heure plus tard, Pierre est avec Jill.

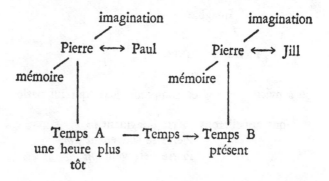

La partie de Pierre qui est en communication avec Jill peut se rappeler que, tout en s'ennuyant à mourir au cours de cette insupportable conversation avec Paul, mari de Jill, il s'imaginait en train de faire l'amour avec elle quand il se serait débarrassé de Paul, et se rappelait la dernière fois qu'ils l'avaient fait. Il peut même se rappeler, quand il est avec Jill, qu'il a l'impression que sa tête se vide quand il se trouve avec Paul ; mais maintenant, chose étrange, en présence de Jill, il est incapable de se rappeler ce que Paul lui disait.

Certains individus semblent être « ainsi faits » que, Dieu sait pourquoi, en leur présence, on dirait que les autres arrivent à se rappeler ce qu'ils oublient si souvent, et semblent savoir, tandis qu'ils se laissent aller à leur imagination, à la fois *qu'*ils imaginent et *ce* qu'ils imaginent.

Quand une rupture s'efface dans le présent, la mémoire s'ouvre *toujours* dans une certaine mesure. En effet, au moment où l'on s'aperçoit de la présence d'un souvenir, on se rappelle par exemple la dernière fois qu'on a pensé à telle chose, à savoir pendant qu'on en imaginait telle autre, quand on se trouvait avec Untel, et ainsi de suite. Mais la difficulté est que, tandis que certaines portes s'ouvrent, d'autres se ferment.

L' « *inconscient* », *c'est ce que nous ne communiquons pas, ni à nous-même, ni aux autres.* Nous pouvons transmettre quelque chose à quelqu'un sans nous le communiquer à nous-même. Quelque chose concernant Pierre saute aux yeux de Paul, sans être évident pour Pierre. Tel est l'*un* des sens de la phrase : « *Pierre est inconscient de... »*

CHAPITRE II

Fantasme et communication

Nous distinguons habituellement diverses sortes d'expérience. Voici quelques-unes des distinctions les plus communes : intérieure et extérieure, réelle et irréelle, pleine et vide, significative, futile, privée, publique, partagée. Les termes établissent des distinctions dans le temps entre le passé et le présent, ici et maintenant, alors et en tel lieu. Pour la plupart, nous considérons tout ce dont nous faisons, en quelque mesure, l'expérience, où et à quelque moment que ce soit, comme « moi », et le reste comme « pas moi ». Nous classons également le type d'expérience selon certaines modalités, à savoir : mémoire, imagination, rêve, perception à l'état de veille, et ainsi de suite.

Dans le paragraphe qui précède, de même que dans le reste de ce chapitre, je fais seulement allusion à certains usages de ces termes, afin de laisser une place plus grande à l'examen des concepts psychanalytiques de « fantasme » et d' « expérience inconsciente ».

Dans les paragraphes suivants, les « je » sont personnes hypothétiques où peut-être certains d'entre nous voudront se reconnaître.

Je pense que je suis à l'intérieur de mon corps

et en même temps que l'intérieur de mon corps est, en quelque sorte, « à l'intérieur » de mon espace privé. Si quelqu'un entre dans ma chambre sans y avoir été convié, il ne me gêne pas autant que s'il s'introduisait, sans permission, dans mon corps. Cependant, de même que je suis à l'intérieur de mon corps, mon corps est, en un sens particulier, à l'extérieur de moi.

Les sensations corporelles sont généralement éprouvées comme réelles. La douleur physique est une chose très réelle. Les gens ont rarement l'impression qu'une sensation qu'ils considèrent comme physique est irréelle, bien que certains aient tendance à appeler « *ton* imagination » une douleur que *je* ressens si *eux* pensent que *mes* raisons de la ressentir sont insuffisantes. Certaines personnes n'ont pas le sentiment que leur corps est réel, et, dans notre société, c'est une raison en soi de les considérer comme des malades mentaux.

Bien que la chose semble assez rare, il m'est également arrivé de rencontrer des gens disposés à porter au compte de l' « imagination » certaines douleurs « réelles » qu'ils éprouvent.

Les corps humains occupent une triple position dans l'espace personnel, tous les autres objets étant extérieurs à *tous* les hommes. Nous supposons ordinairement que l'on peut, à certains égards, participer au corps d'autrui, que c'est une affaire publique à laquelle tous peuvent prendre part *sauf* lui (en tant qu'objet extérieur à tous) et, troisièmement, qu'il lui appartient dans le privé.

Notre civilisation, tout en accordant une certaine liberté marginale, blâme sévèrement ceux qui ne tracent pas la limite intérieur/extérieur, réel/irréel, moi/pas-moi, privé/public là où il est jugé sain, juste et normal de le faire.

Une voix hallucinatoire, je puis croire qu'elle est en moi ou hors de moi ; réelle ou irréelle ; privée, en ce sens que je puis penser que personne d'autre ne peut l'entendre, ou publique, si je crois que d'autres le peuvent. Irréel n'est pas synonyme d'imaginaire. Je suis censé garder mon imagination en moi. Les autres penseront sans doute que je ne vais pas très bien, si je crois que ce que j' « imagine » se passe en dehors de mon « esprit », *surtout* si je l'appelle mon imagination et si j'imagine que les autres n'imaginent pas la même chose. Si deux ou plusieurs personnes partagent des expériences de ce genre, elles ont tendance à les croire réelles. Celles qui ne les partagent *pas* ont tendance à supposer que celles qui le font sont atteintes d'une quelconque psychose collective.

A mon sens, beaucoup de sensations physiques sont d'ordre privé. Si j'ai une brûlure au bras, j'estime que la douleur est privée, et ce qu'on en voit, public. Cela n'est pas toujours le cas. Certaines personnes ont le sentiment qu'elles peuvent effectivement *ressentir* la douleur d'une autre, ou penser immédiatement les pensées de quelqu'un d'autre, parfois aussi que d'autres personnes peuvent ressentir leurs sensations physiques ou vraiment penser leurs pensées.

Mon corps, tel que je l'éprouve, n'est pas seulement partagé ou public, c'est un ensemble de manifestations privées, autrement dit le corps-pour-soi. Le corps-pour-soi apparaît dans les rêves, dans l'imagination et dans la mémoire. Quelle que soit la modalité sous laquelle il se présente, il peut être éprouvé comme vivant ou mort, réel ou irréel, entier ou morcelé. Du point de vue de la conscience réflexive considérée comme normale, le corps-pour-soi d'une personne est essentiellement une expérience privée et le corps-pour-soi d'autrui, essentiellement inaccessible. Toutefois, dans le fantasme, il n'en est pas nécessairement ainsi. L'absence d'un consensus de validation, qui jouerait en cette matière le rôle d'un tribunal d'arbitrage, facilite peut-être ici l'empiétement du fantasme non reconnu comme tel.

Du fait que chaque personne vit n'importe quel événement, quel que soit son caractère public, à sa manière, l'expérience d'événements même publics peut être qualifiée de « privée » dans un sens restreint. Mais j'ai l'impression que la plupart des gens ont le sentiment qu'il existe un champ d'expérience qu'on peut qualifier de privé sans aucune restriction. C'est de ce domaine privé, sans aucune réserve, que parle Gerard Manley Hopkins dans le passage suivant :

> ... mon être moi, ma conscience et mon sentiment de moi-même, ce goût de moi-même, de *je* et *moi* par-dessus toutes choses et en elles, plus distinctif que le goût de la bière ou de l'alun, plus distinctif que l'odeur de la feuille de noyer ou celle du camphre, et qui est incommunicable par aucun moyen à un autre homme (*1953, p. 147-148*).

Mon être-moi, ma conscience et mon sentiment de moi-même, ce goût de moi-même, de je et moi pardessus toutes choses et en elles inclut mon goût de vous. Je vous goûte et vous me goûtez. Je suis votre goût et vous êtes le mien, mais je ne goûte pas votre goût de moi dans votre oreille. On ne peut pas être tout et tout avoir à la fois.

Il est difficile de comprendre l'être-soi de *l'autre*.

Je ne peux pas en faire l'expérience directe. Je dois m'en rapporter à l'action de l'autre et à son témoignage pour inférer l'expérience qu'il fait de lui-même. Quand il écoute le témoignage de ses patients, le psychiatre est immédiatement introduit dans ce champ. Les changements dans la façon dont un homme éprouve son être-soi, son être-pour-soi, par quel signe le déterminent-ils à se définir comme « malade », « physiquement » ou « psychologiquement », et qu'est-ce qui amène quelqu'un à décider que l'être-soi, l'être-pour-soi de l'autre, est malade ?

Le même Hopkins qui parlait de la bière et de l'alun, de la feuille de noyer et de celle du camphre, allait écrire plus tard :

> *Je suis fiel, aigreurs. Dieu, selon sa loi profonde*
> *M'a fait goûter l'amer : mon goût propre : os, fer, sang*
> *Ont charpenté, rempli, comblé le maléfice.*
> *Self-levain de l'esprit, surit une pâte aigre.*
> *C'est le lot des damnés et leur fléau doit être*
> *Comme je suis le mien, leur moi suant ; mais pire*[1].

Des milliers de gens sont allés trouver des psychiatres pour être « guéris » de bien moins que cela. Et après des séries d'électrochocs, des milliers se sont sentis « mieux ».

Hopkins savait que ce goût de bière ou de fiel était *lui*. Se « guérir » de cela est plus aléatoire que toute autre forme de guérison, si la guérison consiste à devenir étranger à son être-soi, à perdre littéralement son soi. Perdre l'expérience d'un domaine *privé sans restriction* par sa transformation en un secteur

---

1. Traduit par Pierre Leyris. (Voir le choix bibliographique.)

quasi public est souvent l'un des changements décisifs associés au commencement de la folie. Il ne s'agit pas simplement ici de remanier la théorie de la « perte des frontières du moi » (Laing, 1960, p. 216). Cependant, même « le monde », bien que commun à toutes les personnes et, en ce sens, « partageable », n'est peut-être jamais vécu par deux individus exactement de la même manière. Quand deux hommes regardent un paysage, que celui-ci plaît à l'un et non à l'autre, il y a déjà un abîme entre eux. Aux yeux de l'un, le paysage veut simplement être lui-même, il est plein de son « être-cela » : peut-être l'homme éprouve-t-il une douce tristesse de se sentir si étranger à lui. L'autre voit les « mêmes » arbres, et le ciel, et l'herbe sous l'aspect d'une création : un voile à travers lequel se révèle leur Créateur. Un homme se sent parfois très peu, ou pas du tout, en contact avec la nature qui lui est extérieure ; en d'autres circonstances, et pour la même personne, il peut ne pas exister même de distinction essentielle entre l'intérieur, l'extérieur, le soi et la nature.

Dans la mesure où notre expérience du monde diffère, en un sens nous vivons dans des mondes différents. « L'univers est plein d'hommes qui font les mêmes gestes dans les mêmes lieux, mais qui portent en eux et suscitent autour d'eux des univers plus distants que les constellations » (Mounier, 1949, p. 22). Cependant *le* monde — le monde qui m'entoure, le monde dans lequel je vis, *mon* monde — est, dans la texture même de son mode d'être-pour-moi, non pas exclusivement le mien, c'est aussi votre monde, il vous entoure, et tel autre aussi, c'est un monde partagé, *un seul* monde, *le* monde.

Il n'y a pas nécessairement corrélation entre ce qui est public, ce qui est réel et ce qui est partageable. Certaines personnes ne sont jamais aussi seules qu'en présence des spectacles les plus publics, jamais davantage ensemble qu'en partageant des événements parfaitement réels bien que privés sans aucune restriction. Partager une expérience commune peut être le signe du lien le plus authentique entre deux personnes, ou celui de la servitude la plus abjecte. Le fantasme peut être ou non vécu par l'une ou par l'autre comme intérieur ou extérieur, privé ou public, partageable ou impartageable, réel ou irréel.

L'ironie de la chose, c'est qu'il se révèle souvent que ce que je considère comme la réalité la plus publique est considéré par d'autres comme mon fantasme le plus personnel. Et ce que je suppose être mon monde « intérieur » le plus intime se découvre comme ce que j'ai de plus commun avec les autres humains.

Un psychanalyste décrit son expérience, à certains moments, dans un groupe où il se « sent manipulé de manière à jouer un jeu, si difficilement reconnaissable qu'il soit, dans le fantasme *de quelqu'un d'autre* — ou qu'il le jouerait s'il n'y avait pas ce qu'on ne peut rétrospectivement qu'appeler une perte temporaire de clairvoyance, l'impression d'éprouver des sentiments intenses tout en croyant, en même temps, que leur existence est parfaitement justifiée par la situation objective sans qu'il faille recourir à une mystérieuse explication de leur causalité » (Bion, 1955, p. 446 ; *les italiques sont de moi*).

Cet effet d'aliénation est insidieux. Nous avons tous tendance à nous laisser attirer dans des *systèmes de fantasmes sociaux* (Jaques, 1955), processus au cours duquel on perd son identité « propre », ce dont on ne se rend compte que rétrospectivement. Bion poursuit : « Je crois que la capacité de se débarrasser du *sentiment paralysant de réalité* qui accompagne cet état est, pour l'analyste du groupe, la première condition requise... » (*op. cit.*, p. 446 ; *les italiques sont de moi*).

La perte des perceptions et évaluations personnelles résultant du fait qu'on occupe une *situation fausse* (doublement fausse du fait qu'on ne voit pas qu'elle l'est), n'est « réalisée » que rétrospectivement. Une situation fausse n'est pas nécessairement tout à fait « intenable ». Nous examinerons plus loin quelques-unes des difficultés qu'on rencontre en essayant d'occuper une situation *intenable* ou de s'en dégager. L'individu qui se trouve dans une situation doublement fausse a pourtant le sentiment d'être « réel ». Sans se « *sentir* » paralysé, il est paralysé par ce sentiment même de « réalité ». Secouer ce *faux sens de la réalité* entraîne une *déréalisation* de ce qu'on prend faussement pour la réalité et une *reréalisation* de ce qu'on prend faussement pour irréalité. C'est alors seulement qu'on est capable d'appréhender le système de fantasmes sociaux dans lequel on est pris. L'état de choses *normal*, c'est d'être à ce point plongé dans sa propre immersion dans les systèmes de fantasmes sociaux qu'on les croit réels. De nombreuses images ont été employées pour nous rappeler cette condition. Nous sommes morts, mais nous nous croyons vivants. Nous dormons, mais nous nous croyons éveillés. Nous rêvons, mais nous prenons notre rêve pour la réalité. Nous sommes les infirmes, les boiteux, les aveugles, les sourds, les malades. Mais nous sommes doublement inconscients. Nous sommes *si* malades que nous ne le sentons même plus, comme cela arrive souvent dans les maladies mortelles. Nous sommes fous, mais dépourvus de toute pénétration.

L'erreur porte ici beaucoup moins sur le contenu que sur la catégorie. Nous connaissons le *contenu* de l'expérience, mais nous ne savons pas qu'il s'agit d'une illusion. Nous voyons les ombres, mais nous les prenons pour la substance. Une erreur analogue de catégorie consiste à se tromper sur la *modalité* de l'expérience. Si nous ne manquons pas de la relever chez les autres, lorsqu'il s'agit de nous, c'est une tout autre affaire.

Nous voyons immédiatement que toute discipline qui se prétend « scientifique », dans le sens qu'on donne généralement à ce terme aujourd'hui, et qui en même temps s'attache principalement à classer l'expérience, ainsi qu'à d'autres questions telles que l'inconscient et le « fantasme inconscient », éprouve des difficultés très grandes et *toutes particulières* concernant ses propres critères de validation.

Nous ne nous attendons pas à voir confirmer par le témoignage direct d'autrui notre propre impression qu'il est aliéné. Si autrui pouvait être d'accord avec nous, c'est *nous* qui aurions tort. Je prendrais alors facilement le parti de me dire que le refus ou l'incapacité d'autrui de voir que j'ai raison *prouve* que j'ai raison. On pourrait seulement prouver que je me trompe en partie s'il acceptait ce que je dis, auquel cas j'aurais commis l'erreur de le croire incapable de voir ce que je crois voir. On pourrait ajouter : mais il ne le saisit pas « vraiment » ; pseudo-clairvoyance.

La « dépersonnalisation » peut ne pas être éprouvée, par ceux à qui le psychanalyste l'attribue, comme une quelconque perte d'attributs personnels. Il est indispensable de savoir clairement, chaque fois qu'on le rencontre, si le terme dépersonnalisation se rapporte à un état qu'on s'attribue à soi-même ou si c'est une attribution qu'on fait à l'autre, disjonctive de celle que l'autre se fait à lui-même.

Une personne placée dans une fausse position aliénée, à l'intérieur d'un système de fantasmes sociaux, et qui commence à appréhender en partie sa situation, peut exprimer de façon « psychotique » son aperception partielle du fantasme ambiant en disant qu'on glisse du poison dans ses aliments, qu'on lui a subtilisé son cerveau, que ses actions sont surveillées de l'espace, etc. *Des délusions[1] de ce genre sont des déréalisations-réalisations partiellement accomplies.*

Tous les groupes fonctionnent par l'entremise du fantasme. Le type d'*expérience* qu'un groupe nous apporte est l'une des raisons principales sinon, pour certaines personnes, la *seule*, de faire partie d'un groupe. Que cherchent les gens qui font l'expérience de se trouver *dans* un ensemble particulier de collectivités humaines ?

Les groupes étroitement liés qui se forment dans certaines familles, de même que d'autres groupements, sont unis par le besoin de vivre une expérience pseudo-réelle qui ne peut exister que par la modalité du fantasme. En d'autres termes, la famille n'est pas éprouvée comme la modalité du fantasme mais en tant que « réalité ». Cependant, « réalité », dans ce

1. Voir note de la page 133. (*N.d.T.*)

sens, n'est pas une modalité mais une qualité applicable à n'importe quelle modalité.

Si un membre d'une famille occupe une position tenable au sein du système de fantasmes familial, la détermination, quelle qu'elle soit, de quitter le système ne lui viendra sans doute qu'extérieurement au système de fantasmes. Variable est notre empressement, et jusqu'à notre désir de nous dégager des systèmes de fantasmes inconscients que nous prenons pour nos réalités. Aussi longtemps que nous sommes dans des situations apparemment tenables, nous trouvons toutes les raisons de *ne pas* supposer que nous avons un faux sens du réel ou de l'irréel, de sécurité ou d'insécurité, d'identité ou d'absence d'identité.

Un faux sens social de la réalité implique, entre autres, le fantasme non reconnu comme tel. Si Paul commence à prendre conscience du système de fantasmes familial, il ne peut qu'être jugé fou, ou méchant, par les membres de la famille puisque, à leurs yeux, leur fantasme *est* la réalité, et ce qui n'est pas leur fantasme n'est pas réel. S'il rend compte d'une expérience qui a lieu en dehors de ce qu'ils considèrent comme réel et vrai, il est, *à n'en pas douter,* pris dans un tissu de fantasmes et de mensonges lamentables, puisqu'il leur dit que ce qu'ils savent être réel et vrai est un tissu de fantasmes et de mensonges lamentables, quand ils lui disent que ce que lui sait être réel et vrai (à savoir : que Dieu lui a confié la mission spéciale de révéler que ce qu'ils considèrent comme réel est un tissu de fantasmes et de mensonges lamentables, et que c'est afin d'accomplir cette mission qu'il a descendu la grand-rue tout nu et sans aucune honte, et que cela lui est bien égal de déshonorer la famille) est un tissu de fantasmes et de mensonges lamentables qui fait qu'il a besoin d'un traitement médical.

Ce qui se passe en général, c'est qu'on occupe une situation tenable dans les systèmes de fantasmes d'un nexus. C'est ce qu'on appelle d'ordinaire avoir une « identité » ou une « personnalité ». Nous ne nous rendons jamais compte que nous y sommes enfermés. Cela ne nous vient pas à l'idée de nous dégager. Nous tolérons, punissons, ou traitons comme des innocents, des méchants ou des fous ceux qui essaient de se dégager, et qui nous conseillent d'en faire autant.

Une personne peut se trouver placée dans une situation intenable renfermant un ensemble de positions inconciliables. Quand sa situation ou ses situations dans le système de fantasmes sociaux deviennent telles qu'elle ne peut ni y rester ni se défaire de *son propre fantasme*, sa situation est *intenable*.

Ce qu'on appelle un épisode psychotique *chez* une personne peut être souvent entendu comme une crise d'un genre particulier dans l'*inter-expérience* du nexus, ainsi que dans le comportement de ce dernier (voir Laing et Esterson, 1964 ; Laing, 1967 *b*).

Quelqu'un peut essayer de sortir de sa famille par le moyen suivant : il fait entrer la famille en soi, de manière à se trouver hors de son propre dedans, donc libre. Mais, où qu'on aille, il faut aller ailleurs, donc on décide de se fixer et d'avoir un lieu qu'on puisse appeler sien.

Plus le besoin est grand de sortir d'une situation intenable, et moins on a de chances d'y arriver. *Plus une situation est intenable, plus il est difficile d'en sortir.* Cette tautologie est un bon sujet de réflexion.

Par intenable, j'entends qu'il est impossible de partir et impossible de rester.

Dans une situation intenable aliénée, l'on ne s'en rend pas compte. Il est, dès lors, impossible d'en sortir. Dès que Paul se rend compte qu'il est en boîte, il peut essayer d'en sortir. Mais puisque, pour *ces gens-là*, la boîte, c'est *le monde entier*, en sortir équivaut à courir à l'abîme, chose à laquelle quiconque aime Paul ne saurait assister, les bras croisés.

Afin de mieux faire comprendre le rôle des liens et (ou) de la servitude dans l'inter-expérience des personnes, il nous faudra montrer comment chaque personne influe sur le fantasme des autres en sorte que son fantasme se rapproche ou s'éloigne davantage du leur. A mesure que l'expérience, vécue par une personne, d'une situation où elle se trouve avec d'autres se disjoint de celle des autres placées dans la « même » situation, ses actions deviennent de plus en plus désaccordées des actions des autres. A un certain point du processus de disjonction de l'expérience et de la dissonance des actes, la minorité en vient à être jugée « différente » par la majorité.

La « réalité » se déplace du relatif à l'absolu. Plus l'homme dont nous pensons qu'il a absolument tort pense qu'il a absolument raison et que c'est nous qui avons absolument tort, plus il est urgent de détruire cet homme, avant qu'il se détruise ou nous détruise. Certes, nous ne nous disons pas que nous voulons le détruire. Ne voit-il pas que nous cherchons uniquement à détruire sa délusion? Sa délusion selon laquelle nous voulons le détruire. Sa délusion consiste à croire que nous cherchons à lui enfoncer des épingles dans les yeux. Quelqu'un qui se figure que les gens lui enfoncent des épingles dans les yeux n'a plus qu'à aller trouver un psychiatre afin qu'on lui fasse une lobotomie en lui enfonçant des épingles dans les yeux, parce qu'il préférerait encore se croire fou plutôt que de croire que la chose puisse être vraie.

La qualité du réel vécu au sein du nexus de fantasme est parfois enchanteresse. Dehors, tout est froid, vide, privé de sens, irréel. Il n'est pas souhaitable et, Dieu merci, il n'est pas possible de s'en aller.

La chose n'est certes pas facile. Mais, pour un certain nombre de gens, le système de fantasmes du nexus est un enfer atroce et non pas un séjour enchanteur ; ils veulent donc en sortir. Mais c'est mal de vouloir s'échapper, c'est une marque d'ingratitude. C'est de la folie de vouloir s'en aller, cela montre que vous êtes fou. De plus, il est impossible de sortir, là-bas il y a un précipice, il y a des bêtes sauvages. D'ailleurs, ne te tourmente pas, malgré ton caractère ingrat et pervers, tu peux nous être reconnaissant de ne pas te *laisser* t'en aller. Le docteur t'expliquera que tu n'as pas vraiment envie de le faire, tu nous fuis simplement, à reculons, parce que tu as peur qu'on te plante un couteau dans le dos. Tu sais bien que nous ne ferions pas cela.

Dans le fantasme, le choix revient à ceci : suffoquer à en mourir, dedans, ou risquer de s'exposer à n'importe quelles épouvantes, dehors. Mais sitôt qu'on franchit la porte donnant accès à un espace qui est, maintenant, dedans, il se trouve qu'on a regagné le dedans du dedans qu'on avait fait entrer du dehors afin de sortir du dedans où l'on se trouvait. Donc, aussitôt qu'on franchit cette porte *de cette manière*, on est d'autant plus *dedans* qu'on se croit davantage dehors.

Quand le dedans et le dehors ont été secoués au point que ce qui est dedans-dehors pour A est dehors-dedans pour B et que *tous deux* pensent en termes d' « absolu », nous avons suivi jusqu'au bout la spirale qui conduit au point extrême de la disjonction expérimentale, telle qu'elle se présente dans notre civilisation : psychiatres, sains d'esprit ; patients, psychotiques. Dans ce cas, le psychiatre n'a aucun doute concernant le diagnostic. Le patient est un psychotique dépourvu de toute pénétration. Quant au patient, il pense que le psychiatre est psychotique et dépourvu de toute pénétration, *parce qu'*il pense que les psychiatres sont des gens dangereux qui devraient être enfermés pour leur propre sauvegarde, et que, si les autres gens sont sous l'emprise d'une pensée censurée au point de ne pas s'en rendre compte, lui agira en conséquence.

La sortie passe par la porte. Mais, conformément au fantasme du nexus, sortir est un acte d'ingratitude, ou de cruauté, ou un suicide, ou un meurtre. Les premiers pas doivent être accomplis à l'intérieur du fantasme, avant que celui-ci puisse être appréhendé comme tel. C'est là qu'est le risque de la défaite et de la folie.

Aux yeux de certains « psychotiques », la psychanalyse apparaît comme un lieu relativement sûr où l'on peut dire à quelqu'un le fond de sa pensée. Ils sont disposés à jouer au malade et même à poursuivre la comédie en *payant* l'analyste, pourvu que celui-ci ne les « guérisse » pas. Ils sont même prêts à faire semblant d'être guéris si cela fait mauvais effet, pour lui, de s'occuper d'un tas de gens qui n'ont pas l'air d'aller mieux.

Le contrat n'est pas déraisonnable.

CHAPITRE III

Simulation et élusion [1]

Considérons ce garçon de café. Il a le geste vif et appuyé, un peu trop précis, un peu trop rapide, il vient vers les consommateurs d'un pas un peu trop vif, il s'incline avec un peu trop d'empressement, sa voix, ses yeux expriment un intérêt un peu trop plein de sollicitude pour la commande du client, enfin le voilà qui revient, en essayant d'imiter dans sa démarche la rigueur inflexible d'on ne sait quel automate, tout en portant son plateau avec une sorte de témérité de funambule, en le mettant dans un équilibre perpétuellement instable et perpétuellement rompu, qu'il rétablit perpétuellement d'un mouvement léger du bras et de la main. Toute sa conduite nous semble un jeu. Il s'applique à enchaîner ses mouvements comme s'ils étaient des mécanismes se commandant les uns les autres, sa mimique et sa voix même semblent des mécanismes ; il se donne la prestesse et la rapidité impitoyable des choses. Il joue, il s'amuse. Mais à quoi donc joue-t-il ? Il ne faut pas l'observer longtemps pour s'en rendre compte : il joue *à être* garçon de café. (*Jean-Paul Sartre, 1943, p. 98-99.*)

Notre perception de la « réalité » est l'accomplissement parfait de notre civilisation. Percevoir la *réalité* ! Quand les gens ont-ils cessé de sentir que ce qu'ils *percevaient* était *irréel* ? Peut-être le sentiment

1. Voir note de la page 133. (*N.d.T.*)

et l'idée que ce que nous percevons est réel sont-ils d'apparition récente dans l'histoire de l'humanité.

Vous vous trouvez dans une pièce. Imaginez que la chambre n'est pas réelle, que quelqu'un l'a évoquée par des moyens magiques : $(A \rightarrow B)$. Ayant fait semblant d'y croire au point d'être presque arrivé à vous convaincre que la chambre est imaginaire, essayez de faire comme si, tout compte fait, elle n'était pas imaginaire mais réelle : $(B \rightarrow A1)$. Pour terminer, faites comme si la chambre était réelle, sans que vous la perceviez comme telle.

L'élusion est une relation où l'on fait d'abord semblant d'être loin de son soi originel, pour faire ensuite semblant d'avoir renoncé à cette simulation de manière à se retrouver apparemment à son point de départ. Une double simulation simule l'absence de simulation. La seule façon de « réaliser » son état originel consiste à renoncer à la première simulation, mais une fois qu'on lui en ajoute une deuxième, il n'y a aucune fin, que je sache, à la série de simulations possibles. Je suis. Je fais semblant de ne pas être. Je fais semblant d'être. Je fais semblant de ne pas faire semblant de faire semblant...

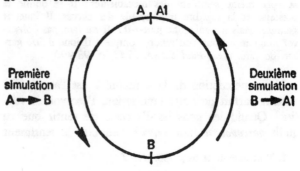

A   A1

Première
simulation
A ➡ B

Deuxième
simulation
B ➡ A1

B

Les positions *A* et *A1* sur la circonférence sont séparées par une cloison étanche, plus mince et plus transparente qu'on ne peut l'imaginer. Partez de *A* et dirigez-vous vers *B*. Au lieu de retourner vers *A*, en allant dans le sens des aiguilles d'une montre, continuez en sens inverse, jusqu'au point *A1*. *A* et *A1* sont « si proches et cependant si éloignés ». Ils sont si proches qu'on dit : « *A1* ne revient-il pas au même que *A*, puisqu'on ne peut le distinguer de *A* ? » Vous pouvez bien savoir que vous vivez derrière un voile invisible. Vous ne pouvez pas *voir* ce qui vous sépare de vous-même. Anna Freud (1954) cite le cas d'un enfant, dans *When We were Very Young*[1] d'A. A. Milne :

Dans la chambre de cet enfant de trois ans, il y a quatre chaises. Quand il est assis sur la première, il *est* un explorateur, remontant, de nuit, l'Amazone. Sur la seconde, il est un lion et terrifie sa bonne en rugissant ; sur la troisième, il est un capitaine à la barre de son vaisseau. Mais sur la quatrième, une haute chaise de bébé, il *essaie de faire semblant* d'être simplement lui-même, rien qu'un petit garçon (*p. 89*).

Si ou quand « il » arrive à faire semblant d'être « simplement » lui-même, un masque sera devenu son visage et lui-même pensera que chaque fois qu'il agit comme s'il n'était pas « rien qu'un petit garçon », il fait semblant de n'être *pas* simplement lui-même. A mon sens, la plupart des enfants de trois ans, encouragés par leurs parents, encouragés par des autorités comme Anna Freud, sont en bonne voie de réussir à

1. *Quand nous étions tout petits.*

faire semblant de n'être que des petits garçons et des
petites filles. C'est vers ce moment-là que l'enfant,
renonçant à ses extases, oublie qu'il fait semblant de
n'être rien qu'un petit garçon. Il devient rien qu'un
petit garçon. Mais pas plus il n'est simplement lui-
même parce qu'il n'est, à présent, rien qu'un petit
garçon, que l'homme dont nous parlions n'est simplement lui-même parce qu'il *est* un garçon de café.
« Rien qu'un petit garçon », voilà ce que de nombreuses autorités en matière d'enfants *pensent* qu'*est*
un être humain âgé de trois ans.

Soixante ans plus tard, celui qui avait cru n'être
« rien qu'un petit garçon » qui devait apprendre ceci
et cela afin de devenir « un homme », et qui s'était
bourré la cervelle de toutes les autres choses que les
hommes racontent aux petits garçons, étant devenu
un homme, commence à devenir un vieil homme. Mais
tout à coup il se rappelle que tout cela n'a été qu'un
jeu. Il a joué à être un petit garçon, puis à être un
homme, et maintenant le voici en train de jouer à
être un « petit vieux ». Sa femme et ses enfants com-
mencent à se faire bien du souci. Un psychanalyste,
ami de la famille, explique qu'un déni hypomaniaque
de la mort (il a subi l'influence de l'existentialisme)
n'est pas rare chez certaines personnes ayant particulièrement « réussi dans la vie » ; c'est un retour
au sentiment infantile de toute-puissance. On arrivera
sans doute à « limiter les dégâts » en le socialisant
dans un groupe religieux. Ce serait peut-être une
bonne idée d'inviter le pasteur à dîner. Nous ferions
bien de surveiller ses placements d'argent, on ne sait
jamais...

Il *essaie de faire semblant* d'être simplement lui-même, « rien qu'un petit garçon ». Mais il n'y arrive pas tout à fait. Un enfant de trois ans qui essaie, mais sans y parvenir, de faire comme s'il n'était « rien qu'un petit garçon », s'attire des ennuis. Il se peut qu'on le fasse psychanalyser, si ses parents peuvent se le permettre. Malheur à l'homme de soixante-trois ans, si *lui* est incapable de faire comme s'il n'était « rien qu'un petit vieux ».

Si l'on n'arrive pas, dans son enfance, à jouer à n'être pas en train de jouer quand on joue à être « simplement soi-même », très vite les gens s'inquiéteront à l'idée que le sentiment infantile de toute-puissance dure beaucoup trop longtemps. Et si, soixante ans plus tard, on découvre soudain à quel point on a été intelligent de faire si bien semblant qu'on a même oublié qu'on a fait semblant durant toutes ces années, on se rend fort bien compte que les gens pensent qu'on devient légèrement sénile. Essaiera-t-on à nouveau de faire semblant, cette fois de n'être « rien qu'un petit vieux » ?

Jill est mariée avec Jack. Elle n'a pas envie d'être mariée avec Jack. Elle a peur de quitter Jack. Elle reste donc avec Jack mais elle imagine qu'elle n'est pas mariée avec lui. Finalement, elle ne se sent pas mariée avec Jack. Il lui faut donc imaginer qu'elle l'est : « Il faut que je me rappelle qu'il est mon mari. »

Manœuvre très répandue. L'élusion est une façon de tourner le conflit sans l'affronter directement et sans le résoudre. Elle *élude* le conflit en jouant une modalité de l'expérience contre une autre. Elle imagine qu'elle n'est *pas* mariée, puis elle imagine qu'elle l'est. Les spirales de l'élusion s'enroulent indéfiniment.

Certaines personnes[1] prétendent, pendant dans années, qu'elles ont eu des rapports sexuels satisfaisants. Leur vie prend appui sur la simulation au point qu'elles ne savent plus distinguer ce qui est vraiment satisfaisant ou frustrant de ce qu'elles prétendent être satisfaisant ou frustrant.

Désir sexuel sans satisfaction sexuelle. Jill n'est pas entièrement satisfaite de ses rapports fantômes secrets, et cependant elle est incapable de renoncer aux relations fantômes pour laisser la place à la vérité nue. Rien ne vous garantit qu'une relation « réelle » ne vous décevra pas en se révélant fausse comme tout le reste. Avec votre imagination, vous savez où vous en êtes. Elle ne vous laisse pas tomber ; cependant, les choses deviennent difficiles si l'on commence à *imaginer* que ce qu'on imagine est réel.

Les rapports fantômes ont des répercussions sur l'expérience physique. Un amant fantôme, secret, maintient le corps dans un état d'irritation. Excitation qui démange, qui pousse à la recherche constante du soulagement sexuel. Des sensations réelles sont suscitées dans le corps par des rapports imaginaires avec un fantôme, mais il est difficile de les calmer « dans » la réalité. Certains disent qu'ils ont des sentiments plus réels dans les situations imaginaires que dans les situations réelles. Jill éprouve une réelle excitation à imaginer, dans le futur, de vrais rapports sexuels, mais

---

1. Le passage suivant s'applique également aux deux sexes bien que, pour la facilité de l'exposé, je ne désigne pas explicitement l'un ou l'autre. Ce ne sont pas seulement les personnes que l'on range dans la catégorie des hystériques ou des caractères hystériques qui emploient cette manœuvre avec persistance.

quand on en vient à la chose, une fois de plus, elle n'éprouve ni désir ni plaisir. Vivre dans le passé ou dans le futur est peut-être moins satisfaisant que vivre dans le présent, mais ne peut jamais être aussi décevant. Le présent ne sera jamais ce qui a été ou ce qui pourrait être. Il y a, dans la recherche d'une chose en dehors du temps, un sentiment débilitant de futilité, d'à-quoi-bon.

Pour se maintenir, l'élusion exige la virtuosité : elle peut conduire à une nostalgie enchanteresse. Elle ne doit jamais s'effondrer. Explicite, elle devient laide. *Madame Bovary* en est l'illustration parfaite en littérature.

Le temps est vide. Il est aussi futile qu'inéluctable. Une fausse éternité, faite de tout le temps dont on dispose, qui se traîne sempiternellement. Vivre l'absence de temps dans le passé ou dans le futur, c'est tenter de vivre hors du temps en vivant dans une partie du temps. Le présent n'est jamais réalisé.

On élude le soi de l'autre quand on est en relation avec l'autre en tant qu'incarnation du fantasme. On fait semblant d'accepter l'autre « comme il est », mais c'est au moment où l'on croit le plus qu'on est en train de le faire que, justement, on traite l'autre davantage comme un fantôme incarné, « comme si » elle ou lui était à la fois une autre personne et une propriété personnelle. Selon l'expression de Winnicott (1958), l'autre est traité comme un « objet transitionnel ». C'est, là encore, un faux-semblant. L'on reconnaît, en un certain sens, ou à un certain niveau, l'autre en tant qu'autre, en tant que personne et non en tant qu' « objet partiel », ou chose, mais on fait semblant de l'accepter entièrement. Il est utile, dans ce cas, que l'autre soit complice de vos élusions et de vos illusions. Il est typique que l'on soit effrayé et furieux de découvrir que l'autre n'est pas l'incarnation de votre prototype fantasmatique de l'autre. Si l'on vit de cette manière, on peut s'offrir souvent des illusions mais on s'expose vraisemblablement à de fréquentes désillusions. Chaque personne rencontrée, vous pouvez la voir sous l'aspect d'une oasis dans le désert de votre vie présente mais, dès que vous vous approchez, la voici transformée en mirage. Le mélange de ce qui est avec ce qui n'est pas, dans cette confusion élusive, a pour effet, au lieu de renforcer l'un ou l'autre, de les diluer tous deux, et entraîne, dans une certaine mesure, la dépersonnalisation et la déréalisation, ce dont on ne se rend compte qu'à moitié. On vit alors dans des limbes d'un genre particulier. Dans ce va-et-vient où l'on fuit et recherche tour à tour la satisfaction, l'on peut avoir noué avec d'autres, grâce à leur présence imaginaire à soi, des liens « secrets » auxquels ne songent pas ceux qui se satisfont plus aisément. Mais, mécontent de la « pure » imagination, il se peut que vous en veniez à dépendre des autres dans l'espoir qu'ils incarneront ce que vous imaginez, vous aidant ainsi à échapper à ce que vos fantasmes ont de sinistre ou d'effrayant. Le besoin de chercher de vrais autres plutôt que des autres imaginaires pour incarner vos fantasmes peut vous pousser à vous engager passionnément dans un monde de gens et de choses extérieurs à vous. Vous cherchez chez les vrais autres la satisfaction qui vous fuit dans l'imaginaire, tout en imaginant sans cesse les satisfactions qui vous manquent en « réalité ».

Après plusieurs mois d'une liaison qui, ayant commencé dans une atmosphère d'enchantement, se poursuivait dans le désenchantement et la désillusion, Yvette en voyait venir la fin. Elle imagina plusieurs versions dramatiques de la rupture finale, et, prise dans le déroulement imaginaire de cette scène, se retrouva en train de pleurer amèrement. Elle observa combien c'était typique de sa part de verser de vraies larmes avec un sentiment si intense dans une situation qu'elle avait fabriquée de toutes pièces et qui n'existait, jusqu'à présent, que dans son imagination. Elle prédit très justement que, « quand le moment viendrait », elle ne sentirait rien. En effet, sa liaison se termina de façon banale et prosaïque, sans comédie ni tragédie. Quand elle eut pris fin, Yvette fut calme et sereine pendant quelques semaines. Puis, rétrospectivement, elle se mit à dramatiser le passé comme elle avait dramatisé l'avenir. Elle revécut en imagination une situation passée qui n'avait jamais été qu'imaginaire. Rétrospectivement, la situation passée imaginaire devenait la vraie. Ses sentiments n'avaient collé à sa situation présente qu'aux débuts enchanteurs de sa liaison. A d'autres moments, elle faisait semblant d'éprouver certains sentiments dans la situation réelle et présente, mais sans doute n'était-elle spontanément heureuse ou triste qu'en imagination. Peut-être échappait-elle ainsi à l'expérience de la frustration pure et simple, mais le résultat, c'était que le plaisir pur et simple lui échappait.

L'élusion est, de par sa nature même, difficile à épingler. C'est là ce qui la caractérise. Elle contrefait la vérité grâce à une double simulation. La manœuvre apparaît plus clairement quand on la confronte avec certains problèmes évoqués dans *The Divided Self* [1] (Laing, 1960).

Cette étude contenait des exemples d'un *modus vivendi* avec certaines formes d'angoisse et de désespoir. J'y décrivais, en particulier, cette forme de division du soi qui entraîne une scission de l'être de la personne en esprit désincarné et corps désanimé. Cette perte d'unité fait que la personne conserve le sentiment d'avoir un soi « intérieur », « vrai », mais qui n'est pas réalisé, alors que le soi « extérieur », « réel » ou « actuel » est « faux ». Nous avons essayé de montrer que cette attitude était une tentative désespérée de s'accommoder d'une certaine forme d' « insécurité ontologique ».

Pour l'homme de la rue, beaucoup de choses vont de soi : par exemple, qu'il possède un corps qui a un dedans et un dehors ; qu'il a commencé à sa naissance et finira, biologiquement parlant, à sa mort ; qu'il occupe une position dans l'espace ; qu'il occupe une position dans le temps ; qu'il existe en tant qu'être continu, d'un lieu à l'autre et d'un moment au moment suivant. La personne ordinaire ne réfléchit pas sur ces éléments fondamentaux de son être ; elle considère comme « vraie » l'expérience qu'elle fait d'elle-même et des autres. Cependant, certains ne le font pas. On les appelle souvent schizoïdes. Qui plus est, le schizophrène ne considère pas comme évident que sa propre personne (ainsi que les autres) est un être incarné de façon adéquate, vivant, réel, substantiel et continu, qui se trouve en tel lieu à tel moment, en

---

1. *Le moi divisé.*

un lieu différent à un autre moment, et demeurant d'un bout à l'autre le « même ». En l'absence de cette « base », il lui manque le sentiment habituel d'unité de la personne, le sentiment d'être lui-même l'agent de ses propres actions, plutôt qu'un robot, une machine ou une *chose*, ainsi que l'auteur de ses propres perceptions, alors qu'il a plutôt l'impression que quelqu'un d'autre se sert de ses yeux, de ses oreilles, etc.

L'homme se trouve toujours entre l'être et le non-être, mais le non-être n'est pas nécessairement ressenti comme une désintégration *personnelle*. L'insécurité qui accompagne une unité précairement établie de la personne est *l'une* des formes de l'insécurité ontologique, si l'on désigne par ce terme l'insécurité inéluctable au cœur de cet être fini qu'est l'homme.

Tillich (1952) parle des possibilités de non-être dans les trois voies qui mènent au non-sens ultime, à la condamnation ultime et à l'annihilation ultime dans la mort. Dans ces trois directions, l'homme, en tant qu'être spirituel, être moral et être biologique, fait face à la possibilité de sa propre annihilation, ou non-être.

L'insécurité ontologique décrite dans *The Divided Self* est une quatrième possibilité. Ici, l'homme, en tant que personne, rencontre le non-être sous une forme préliminaire, comme perte partielle de l'unité synthétique du soi jointe à la perte partielle de la relation à autrui et, sous sa forme extrême, dans l'état final hypothétique de *non-entité chaotique*, perte totale de la relation à soi et à autrui.

Certains se lancent dans des « opérations de sauvetage » désespérées, pour reprendre l'expression de

H. S. Sullivan ; d'autres s'engagent dans des entreprises de sincérité. L'ensemble du problème se situe à un autre niveau de l'expérience et de l'action, mais le besoin qu'éprouvent certains de préserver leur sincérité peut miner la sécurité des autres.

A moins que vous ne soyez déprimé, ce sont les autres qui se plaignent de votre manque d'authenticité ou de sincérité. L'on considère comme un signe pathognomonique de la stratégie qui caractérise l'hystérique que ses actes soient faux, qu'ils soient cabotinage et dramatisation. En revanche, l'hystérique affirme souvent que ses sentiments sont réels et sincères. C'est nous qui avons l'impression qu'ils sont imaginaires. C'est l'hystérique qui insiste sur le sérieux de son intention de se suicider, alors que nous parlons simplement d' « attitude » suicidaire. L'hystérique se plaint d'être détraqué. C'est dans l'exacte mesure où nous avons le sentiment qu'il n'est pas détraqué, sauf en ce sens qu'il fait semblant ou fait croire qu'il l'est, que nous l'appelons hystérique et non pas schizophrène.

Le moment peut venir où nous prétendons nous être rendu compte que nous avons joué un rôle, que nous nous sommes joué la comédie, que nous avons essayé de nous convaincre de ceci ou de cela, mais qu'à présent il nous faut avouer que nous n'avons pas réussi. Cependant cette prise de conscience, ou cet aveu, peut fort bien être une tentative de plus de « l'emporter » grâce à une ultime simulation, en revendiquant une fois de plus la vérité dernière à propos de soi, par quoi l'on élude la simple prise de conscience, franche et directe, de cette vérité. La « comédie » peut prendre la forme d'un désir frénétique de rendre réels les faux-semblants. Cependant les autres restent sur la réserve. Nous ne sommes pas convaincus que toutes les personnes dont la conduite est psychotique sont de « vrais » schizophrènes, ou de « vrais » maniaques, ou de « vrais » mélancoliques, bien qu'il ne soit pas toujours facile de distinguer le « vrai » schizophrène de la personne que nous sentons capable de se mettre en scène dans le rôle de fou, parce que nous avons tendance à attribuer la psychose à l'homme qui fait semblant d'être psychotique. L'acte même de simulation, s'il est poussé à l'extrême dans cette direction, tend à être considéré comme une folie en soi.

Nous pouvons penser non seulement qu'il est fou de faire semblant d'être fou vis-à-vis de soi-même et vis-à-vis des autres, mais que toute raison d'avoir envie de le faire est folie. Il faut savoir ce qu'on risque sur le plan social si l'on rompt avec la réalité sociale : si l'on essaie délibérément et systématiquement de n'être pas celui pour qui tout le monde vous prend, d'échapper à cette identité en jouant à n'être pas là, en restant anonyme, ou incognito, en prenant des pseudonymes, en disant qu'on est mort, en disant qu'on n'est personne parce que votre corps ne vous appartient pas. Cela ne sert à rien de *faire semblant* de n'être pas rien qu'un vieux bonhomme si l'on est devenu, en *fantasme,* rien qu'un vieux bonhomme.

L'hystérique, selon Winnicott, « essaie d'atteindre une sorte de folie ». L'élusion s'engendre elle-même. La folie peut être recherchée comme une porte de sortie. Mais bien qu'on réussisse parfois à obtenir un certificat d'aliénation mentale, celle-ci demeure un faux-semblant. Le faux-semblant peut engloutir votre vie au même titre que « le vrai ». Mais la « vraie » folie est parfois aussi insaisissable que la « vraie » raison. La psychose n'est pas donnée à tout le monde.

CHAPITRE IV

Le contrepoint de l'expérience

L'excitation physique réelle jointe à des expériences imaginaires, exerce sur beaucoup de gens une fascination particulière mêlée d'horreur.

Un garçon est excité lorsqu'il voit des filles « attirantes ». Il les évoque en imagination. Pendant un temps, il désirera peut-être moins les vrais rapports sexuels que les rapports imaginaires avec orgasme « réel ».

Sartre (1952) considère comme un onaniste « honnête » celui qui se masturbe par manque de quelque chose de plus réel. Dans son étude sur Jean Genet, il décrit ce qu'il considère comme la masturbation « malhonnête » :

Onaniste par élection, Genet préfère ses propres caresses parce que la jouissance reçue y coïncide avec la jouissance donnée, le moment de la passivité avec celui de la plus grande activité ; il est à la fois cette conscience qui se caille et cette main qui s'énerve à baratter. Etre, existence ; foi, œuvres ; inertie masochiste et férocité sadique ; pétrification et liberté : à l'instant de la jouissance les deux composantes contradictoires de Genet coïncident, il est le criminel qui viole et la Sainte qui se laisse violer. Sur son corps une main caresse Divine. Ou bien cette main qui le caresse est la

main de Mignon. Le masturbé (masturbateur ?) s'irréalise ;
il est tout près de découvrir les formules magiques qui
ouvrent les vannes. Genet a disparu : Mignon fait l'amour
avec Divine. Pourtant, victime ou bourreau, caressant ou
caressé, il faut bien à la fin que ces phantasmes se résorbent
en Narcisse : Narcisse a peur des hommes, de leurs jugements, de leur présence réelle ; il ne souhaite qu'éprouver
une aurore d'amour pour lui-même, il ne demande qu'un
peu de recul par rapport à son propre corps, qu'un léger gla-
cis d'altérité sur sa chair et sur ses pensées. Ses personnages sont des fondants ; cette inconsistance le rassure et
sert ses desseins sacrilèges : elle caricature l'amour. Le
masturbé s'enchante de ne jamais pouvoir se sentir assez
un autre et de produire à lui tout seul l'apparence diabo-
lique d'un couple qui se fane dès qu'on le touche. L'échec
de la jouissance est jouissance acide de l'échec. Acte démo-
niaque pur, l'onanisme soutient au cœur de la conscience
une apparence d'apparence : la masturbation c'est l'irréa-
lisation du monde et du masturbé lui-même. Mais cet
homme qui se fait manger par son propre rêve sait perti-
nemment que ce rêve ne tient que par sa volonté ; Divine
ne cesse d'absorber Genet en elle, ni Genet de résorber en
lui Divine. Et pourtant, par un renversement qui portera
l'extase à son comble, ce clair néant provoquera dans le
monde vrai des événements réels : l'érection, l'éjaculation,
les taches humides sur les couvrantes ont l'imaginaire pour
cause. D'un même mouvement l'onaniste capte le monde
pour le dissoudre et insère l'ordre de l'irréel dans l'univers : il faut bien qu'elles *soient*, les images, puisqu'elles
agissent. Non, l'onanisme de Narcisse n'est pas, comme un
vain peuple le pense, une petite galanterie qu'on se fait
vers le soir, la récompense gentille et gamine d'un jour de
labeur : il se veut crime. C'est de son néant que Genet a tiré
sa jouissance : la solitude, l'impuissance, l'irréel, le mal ont
produit directement et sans recourir à l'être un *événement*
dans le monde (*1952, p. 341-342*).

Sartre fait remarquer ailleurs qu'il n'est pas donné
à tout le monde d'être Narcisse. Pour Narcisse qui
trouve dans l'image le lien, d'une fragilité exquise,

entre ses soi divisés, la masturbation est un choix. Genet, lui, ne fait apparaître l'autre que pour le faire disparaître, en même temps que lui-même, dans l'acte de masturbation, et quand le charme se dissipe il ne reste plus que Genet et cependant c'est uniquement en fonction de ces essences homosexuelles fantômes, distillées en images, que Genet lui-même existe : « Je n'existe que par ceux qui ne sont rien en dehors de l'être qu'ils possèdent grâce à moi. »

Nous avons affaire ici à une nouvelle forme d'élusion. Dans l'évocation imaginaire de la présence irréelle de l'autre se répercute ce que nous appelons toujours le fantasme. Le fantasme et l'imaginaire se confondent au point qu'il n'est plus possible de savoir où commence et où finit la masturbation. Le réel se mêle à l'imaginaire, l'imaginaire au fantasme, et le fantasme au réel.

L'onaniste a un corps qui éprouve de vrais orgasmes dans des situations imaginaires, mais il se peut que l'orgasme *réel* soit nécessaire pour mettre fin à la situation imaginaire.

L'imagination produit des effets physiques réels, mais ceux-ci diffèrent de façon subtile de l'expérience qu'apporte une situation non imaginaire. Dès lors, accoutumé à l'orgasme de la masturbation, l'onaniste ne sait plus très bien que faire de son corps dans des relations non imaginaires. Il peut alors se sentir maladroit, gêné, gauche, il redoute d'être « allumé » à l'improviste, en présence de personnes réelles. Il a peur que son corps se mette à réagir comme il le fait « en » imagination. Il peut y avoir une énorme différence entre la façon dont il sent son corps et celle dont celui-ci apparaît aux autres.

Mais le mélange de sentiments non imaginaires avec d'autres personnes, imaginaires, dans l'orgasme peut lui faire craindre une confusion analogue dans une situation publique.

Si le corps est excité en secret, dans ses rapports avec des êtres imaginaires, des êtres non imaginaires ne peuvent-ils l'exciter aussi ? S'il se trouve que ce corps secret, coupable dans l'intimité de la solitude, est évoqué publiquement, l'expérience en est profondément modifiée. L'homme voit la femme sous les couleurs d'une expérience qu'il a d'elle telle que, dans la solitude de son propre corps, il l'imagine faisant l'amour avec lui. Ce mélange onaniste de son corps à elle tel qu'il l'imagine influence ses rapports réels avec elle, il s'attend toujours à ce qu'elle comprenne la façon dont il la voit, *elle,* dans son imagination onaniste.

C'est ainsi qu'un jeune homme se heurta, dans un couloir de son bureau, à une jeune fille qu'il venait de baiser dans les cabinets, et se sentit gêné au point qu'il dut quitter son emploi.

Examinons à présent ce passage où Ferenczi (1966) décrit la sexualité de la femme. L'activité et l'expérience décrites sont un mélange de fantasme et d'imagination incarnés dans la chair. Il est possible que cette femme soit *incapable* de se masturber seule, parce qu'il lui faut quelqu'un pour incarner ses fantasmes. Nous considérons ce texte de Ferenczi comme la description d'une femme *possible* et non, dans le sens où il l'entendait, comme une description de la féminité contemporaine.

Le développement de la sexualité génitale [...] subit chez la femme une interruption plutôt inattendue. Cette interruption est caractérisée par le déplacement de l'érogénéité du clitoris (pénis féminin) à la cavité vaginale. L'expérience analytique nous incline cependant à supposer que, chez la femme, non seulement le vagin, mais aussi d'autres parties du corps, peuvent se génitaliser, comme l'hystérie en témoigne également, en particulier le mamelon et la région qui l'entoure [...] Cependant chez la femme le désir viril, partiellement abandonné, de retour dans le sein maternel se manifeste aussi, mais seulement à travers des fantasmes, tels qu'une identification imaginaire pendant le coït avec l'homme possesseur du pénis, une sensation dans le vagin comme si elle avait un pénis (« pénis creux ») et enfin, une identification à l'enfant qui se développe dans son corps. L'agressivité masculine se transforme chez la femme en plaisir de subir l'acte sexuel (masochisme), ce qui dénote d'une part la présence d'instincts archaïques (instinct de mort de Freud), d'autre part une identification avec l'homme victorieux. Ces mécanismes de plaisir, éloignés dans l'espace, génétiquement dépassés et maintenant à nouveau investis secondairement, semblent servir de consolation au sexe féminin pour la perte du pénis.

En général nous pouvons imaginer de la façon suivante le virage à la passivité de la femme primitivement virilement active : la génitalité du pénis féminin (clitoris) reflue régressivement vers l'ensemble du corps et l'ensemble du Moi, dont — comme nous le supposons — elle était venue par amphimixie, si bien que la femme retombe à nouveau au pouvoir du narcissisme secondaire ; son mode érotique la fait revenir à l'enfance, elle se transforme en être qui se raccroche volontiers à l'idée qu'*il se trouve encore tout entier à l'intérieur de la mère*. Ainsi elle peut facilement s'identifier au fœtus qui vit en elle (c'est-à-dire à la verge, en tant que symbole de celui-ci) et passer du plaisir de la pénétration transitive à l'intransitif (à la passivité). La génitalisation secondaire du corps de la femme explique aussi sa plus grande tendance à l'hystérie de conversion.

Si nous suivons attentivement le développement génital de la femme, nous en tirons l'impression comme si au premier coït sa génitalité était encore souvent tout à fait immature. Les premières tentatives de coït ne sont en quelque sorte que des viols sanglants. Plus tard seulement la femme apprend à subir passivement l'acte sexuel et encore plus tard à le ressentir comme une jouissance, ou même à y prendre une part active. Mais la résistance primitive se reproduit également à chacun des coïts, sous la forme de la résistance opposée par la musculature vaginale qui se contracte ; plus tard seulement le vagin devient glissant et facilement perméable et tout à la fin se produisent les contractions qui ont pour but l'incorporation de la sécrétion et du pénis (peut-être la tendance castratrice joue également un rôle ici). Ces observations, tout comme certaines considérations phylogénétiques que nous examinerons en détail plus loin, nous incitent à penser que le coït est également une répétition au niveau individuel de la lutte des sexes. La partie perdante est la femme, qui abandonne à l'homme le privilège du retour dans le sein maternel, se contentant pour sa part de productions fantasmatiques et, surtout, d'accueillir l'enfant, dont elle partage le bonheur.

Par contre, selon les observations de l'analyste Groddeck, au moment de la parturition, dissimulé derrière les souffrances, il existe des joies réservées aux femmes, dont le sexe masculin est privé. (*Sándor Ferenczi, 1966, p. 53-63.*)

Dans cette description, les expériences physiques personnelles de la femme sont à tel point enfouies sous le fantasme qu'elle est presque entièrement aliénée par rapport à sa propre expérience féminine réelle. Ferenczi la voit « perdue » dans le fantasme, et dans l'imaginaire. Il ne faut pas confondre ces deux catégories. Il ne serait pas exact de dire qu'elle « imagine » qu'elle possède un pénis. Elle pourrait être choquée à cette idée, et peut-être n'oserait-elle jamais imaginer une chose pareille. « En fantasme », elle est un homme ; « en imagination » elle est une femme. Elle n'a pas découvert son propre corps. En imaginant qu'elle est une femme, et en agissant comme si elle en était une, elle essaie de devenir une femme. Elle se sert de son imagination et de sa chair pour essayer de se dégager du fantasme, mais on dirait que moins elle reconnaît ce qu'elle se figure et plus elle prend son fantasme pour la réalité.

La femme dont parle Ferenczi est étrangère à son expérience physique féminine non fantasmatique et non imaginaire parce qu'elle est perdue dans son fantasme. Si le fantasme qui consiste à posséder un pénis devient suffisamment « réel », elle imaginera non pas qu'elle a un pénis mais qu'elle n'en a *pas*. L'imagination sert alors à imaginer ce qu'on n'a pas dans le fantasme. C'est une autre forme de simulacre. La femme ne *sait* pas que ce qu'elle vit est un fantasme. Son corps fantasmatique, non reconnu comme tel, jette un voile sur son « propre » corps, si bien que l'acte sexuel est pour elle, en un sens, un acte de masturbation.

Si la masturbation est parfois malhonnête dans la mesure où elle est négation du réel, le « réel » peut être utilisé de façon malhonnête pour masquer le jeu secret du fantasme et de l'imagination. La masturbation contrefait l'acte sexuel comme l'acte sexuel contrefait la masturbation.

Le passage suivant est extrait de *Notre-Dame des fleurs* :

Quelque chose de nouveau, comme une sorte de sentiment de puissance, leva (sens végétal, germinatif) en Divine. Elle se crut virilisée. Un espoir fou la fit forte, costaud, vigoureuse. Elle sentit des muscles lui pousser et sortir elle-même d'un roc taillé en forme d'esclave de Michel-Ange. Sans bouger un muscle, mais se bandant, elle lutta en elle comme le Laocoon saisit le monstre et le tordit. Puis, plus audacieusement, avec ses bras et ses jambes de chair, elle voulut boxer, mais bien vite elle reçut force horions sur le boule-

vard, car elle jugeait et voulait ses mouvement non selon
leur efficacité combative, mais selon une esthétique qui
aurait fait d'elle un voyou plus ou moins galamment tourné.
Ses mouvements, et plus particulièrement une prise de cein-
ture, une mise en garde devaient à tout prix, au prix de la
victoire même, faire d'elle, plutôt que le boxeur Divine,
certain boxeur admiré, et quelquefois plusieurs splendides
boxeurs ensemble. Elle chercha des gestes mâles, qui sont
rarement des gestes de mâle. Elle siffla, mit ses mains dans
ses poches, et tout ce simulacre fut exécuté si malhabilement
qu'elle paraissait être en une seule soirée quatre ou cinq
personnages à la fois. Elle y gagnait la richesse d'une
multiple personnalité. Elle courait de la fille au garçon, et
les passages de l'une à l'autre — parce que l'attitude était
nouvelle — se faisaient en trébuchant. Elle courait après le
garçon à cloche-pied. Elle commençait toujours ses gestes
en Grande Evaporée, puis, se souvenant soudain qu'elle
devait se montrer virile pour séduire l'assassin, elle les
achevait dans le burlesque, et cette double formule l'enve-
loppait de merveille, faisait d'elle un pitre timide en bour-
geois, quelque folle empoisonnée. Enfin, pour couronner
sa métamorphose de femelle en dur mâle, elle imagina une
amitié d'homme à homme, qui la lierait à quelqu'un de ces
macs sans défaut, de qui l'on ne puisse dire que leurs gestes
sont ambigus. Et, pour plus de sûreté, elle inventa Marchetti.
Elle eut vite fait de lui choisir un physique, car elle
possédait dans son imagination secrète de fille isolée, pour
ses nuits, une réserve de cuisses, de bras, de torses, de visages,
de cheveux, de dents, de nuques, de genoux, et savait les
assembler pour en former un homme vivant à qui elle
prêtait une âme, — toujours la même pour chacune de ces
constructions : celle qu'elle eût voulu avoir (*Jean Genet,
1951, p. 61-62*).

Genet emploie le pronom « elle » pour décrire
un *homme* qu'il appelle « Divine » parce que cela
correspond à l'expérience que celui-ci fait de lui-même
« en fantasme ». A un certain moment, « elle »
commence à sentir au « sens végétal, germinatif »,

une nouvelle virilité en « elle ». « Elle » ne l' « imagine » pas : cela « lui » arrive, mais cela ne va pas très loin : tandis que cette transformation sexuelle échoue, « elle » prétend (littéralement : se tend en avant pour saisir quelque chose qu'elle croit obtenir) qu' « elle » est un homme. « Elle » emploie son imagination, ses gestes, ses actes afin de regagner, par une métamorphose magique, la masculinité qu' « elle » a perdue. Mais c'est comme si elle voulait faire de la glace avec de l'eau bouillante.

Le génie de Dostoïevski est particulièrement frappant dans cette façon qu'il a de saisir le contrepoint des rêves, du fantasme, de l'imagination et de la mémoire. Tous ses romans révèlent ou supposent une participation simultanée à ces modalités. Il n'est pas facile de le démontrer en peu de mots. Nous allons cependant essayer de le faire en examinant ce que Dostoïevski rapporte au sujet de Raskolnikov, au début de *Crime et châtiment* du point de vue du rêve, du fantasme, de l'imagination, de la réalité, jusqu'au meurtre y compris.

La modalité du « fantasme », par opposition à « l'imagination », apparaît clairement dans le personnage de Raskolnikov.

La veille du jour où il assassine la vieille femme, Raskolnikov « fait un rêve effrayant » (1967, p. 96). C'est un long rêve, compliqué, saisissant. Nous en donnons ici une version très abrégée.

Il se revoit enfant dans la petite ville qu'il habitait alors avec sa famille. Il a sept ans et se promène un soir de fête avec son père, aux portes de la ville, en pleine campagne.

Son père et lui marchaient sur une route menant

à un cimetière où se trouvaient les tombes de sa grand-mère et d'un frère mort à l'âge de six mois, dont Raskolnikov n'avait gardé aucune mémoire. Ils passaient devant un cabaret ; il tenait la main de son père et regardait avec effroi le cabaret associé, dans son souvenir, à des scènes de violence. Devant le cabaret stationnait une grande charrette, de celles auxquelles on attelait d'habitude un gros cheval de trait...

Mais à présent, chose étrange, à cette lourde charrette est attelé un petit cheval rouan d'une maigreur pitoyable, une de ces rosses qu'il avait vues bien souvent tirer avec peine une haute charretée de bois ou de foin, que les paysans accablent de coups, allant jusqu'à les frapper en plein museau et sur les yeux quand les pauvres bêtes s'épuisent vainement à essayer de dégager le véhicule embourbé. Ce spectacle lui faisait toujours venir les larmes aux yeux quand il était enfant, et sa maman alors se hâtait de l'éloigner de la fenêtre.

Soudain un grand tapage s'élève dans le cabaret. Il en sort, avec des cris, des chants, un tas de grands paysans avinés, en chemises bleues et rouges, la balalaïka à la main, la souquenille jetée négligemment sur l'épaule. « Montez, montez tous, crie un homme encore jeune, au cou épais, à la face charnue d'un rouge carotte. Je vous emmène tous, montez » (p. 97-98).

La pauvre rosse n'est pas à la hauteur de la tâche qui lui est imposée. Les paysans trouvent cela très drôle :

La foule qui entoure l'équipage rit aussi et, en vérité, comment ne pas rire à l'idée qu'une pareille rosse devra emporter au galop tout ce monde ? Deux gars qui se trouvent dans la charrette prennent aussitôt des fouets pour aider Mikolka (p. 98-99).

Ils se mettent à la fouetter.

— Papa, petit père, crie Rodia, petit père que font-ils ? Ils battent le pauvre petit cheval.

— Allons, viens, viens, dit le père. Ce sont des ivrognes, ils s'amusent, les imbéciles. Allons-nous-en, ne regarde pas.

Il veut l'emmener, mais l'enfant lui échappe et se précipite hors de lui vers la pauvre bête. Le malheureux animal est déjà à bout de forces. Il s'arrête tout haletant, puis se remet à tirer ; peu s'en faut qu'il ne s'abatte.

— Fouettez-la, qu'elle en crève, hurle Mikolka. Il n'y a que ça ; je vais m'y mettre (*p.* 99).

La plaisanterie devient de plus en plus désopilante, à mesure que monte la colère de Mikolka. Il crie que le cheval lui appartient.

— Ne m'embêtez pas, elle est à moi, j'en fais ce que je veux. Venez, montez tous ! Je veux absolument qu'elle galope... (*p.* 99).

Seul un gamin de sept ans, Raskolnikov, s'inquiète du sort de la pauvre vieille rosse.

Rodia s'approche du petit cheval ; il le voit frappé sur les yeux, oui sur les yeux ! Il pleure. Son cœur se gonfle ; ses larmes coulent. L'un des bourreaux lui effleure le visage de son fouet ; il ne le sent pas, il se tord les mains, il crie, il se précipite vers le vieillard à la barbe blanche qui hoche la tête et semble condamner cette scène. Une femme le prend par la main et veut l'emmener ; il lui échappe et court au cheval, qui à bout de forces tente encore de ruer.

— Le diable t'emporte, maudit ! vocifère Mikolka dans sa fureur. Il jette le fouet, se penche, tire du fond de la carriole un long et lourd brancard et, le tenant à deux mains par un bout, il le brandit péniblement au-dessus de la jument rouanne.

— Il va l'assommer, crie-t-on autour de lui.

— La tuer.

— Elle est à moi, hurle Mikolka ; il frappe la bête à bras raccourcis. On entend un fracas sec.

— Fouette-la, fouette-la, pourquoi t'arrêtes-tu ? crient des voix dans la foule. Mikolka soulève encore le brancard, un second coup s'abat sur l'échine de la pauvre haridelle. Elle se tasse ; son arrière-train semble s'aplatir sous la violence du coup, puis elle sursaute et se met à tirer avec tout ce qui lui reste de forces, afin de démarrer, mais elle ne rencontre de tous côtés que les six fouets de ses persécuteurs ; le brancard se lève de nouveau, retombe pour la troisième fois, puis pour la quatrième, d'une façon régulière. Mikolka est furieux de ne pouvoir l'achever d'un seul coup.

— Elle a la vie dure, crie-t-on autour de lui.

— Elle va tomber, vous verrez, les amis, sa dernière heure est venue, observe un amateur, dans la foule.

— Prends une hache, il faut en finir d'un coup, suggère quelqu'un.

— Qu'avez-vous à bayer aux corneilles ? place ! hurle Mikolka. Il jette le brancard, se penche, fouille de nouveau dans la charrette et en retire cette fois un levier de fer.

— Gare, crie-t-il ; il assène de toutes ses forces un grand coup à la pauvre bête. La jument chancelle, s'affaisse, tente un dernier effort pour tirer, mais le levier qui retombe de nouveau pesamment sur l'échine ; elle s'abat sur le sol, comme si on lui avait tranché les quatre pattes d'un coup.

— Achevons-la, hurle Mikolka ; il bondit, pris d'une sorte de folie, hors de la charrette. Quelques gars, aussi ivres et cramoisis que lui, saisissent ce qui leur tombe sous la main : des fouets, des bâtons, ou un brancard, et ils courent sur la petite jument expirante. Mikolka, debout près d'elle, continue à frapper de son levier, sans relâche. La pauvre haridelle allonge la tête, pousse un profond soupir et crève.

— Il l'a achevée ! crie-t-on dans la foule.

— Et pourquoi elle ne voulait pas galoper ?

— Elle est à moi, crie Mikolka, son levier à la main. Il a les yeux injectés de sang et semble regretter de n'avoir plus personne à frapper.

— Eh bien, vrai, tu es un mécréant, crient plusieurs assistants dans la foule.

Mais le pauvre garçonnet est hors de lui. Il se fraye un chemin, avec un grand cri, et s'approche de la jument rouanne. Il enlace son museau immobile et sanglant, l'embrasse ; il embrasse ses yeux, ses lèvres, puis il bondit soudain et se précipite, les poings en avant, sur Mikolka. Au même instant, son père qui le cherchait depuis un moment, le découvre enfin, l'emporte hors de la foule...

— Allons, allons, lui dit-il, allons-nous-en à la maison.

— Petit père, pourquoi ont-ils tué... le pauvre petit cheval ? sanglote l'enfant. Mais il a la respiration coupée et les mots s'échappent de sa gorge contractée en cris rauques.

— Ce sont des ivrognes, ils s'amusent ; ce n'est pas notre affaire, viens ! dit le père. Rodion l'entoure de ses bras, mais sa poitrine est serrée dans un étau de feu ; il essaie de reprendre son souffle, de crier — et s'éveille.

Raskolnikov s'éveilla, le corps moite, les cheveux trempés de sueur, tout haletant et se souleva plein d'épouvante.

— Dieu soit loué ; ce n'était qu'un rêve, dit-il en s'asseyant sous un arbre ; il respira profondément.

« Mais qu'est-ce donc ? Une mauvaise fièvre qui commence ? Ce songe affreux me le ferait croire ! »

Il sentait tout son corps moulu ; son âme était sombre et troublée. Appuyant les coudes sur ses genoux, il laissa tomber sa tête dans ses mains.

« Seigneur, s'exclama-t-il, se peut-il, mais se peut-il vraiment que je prenne une hache pour frapper et lui fracasser le crâne ? Se peut-il que je glisse sur le sang tiède et gluant, que j'aille forcer la serrure, voler, trembler, et me cacher tout ensanglanté... avec ma hache ?... Seigneur, cela est-il possible ?... » (*p. 100-102*).

La première impression de Raskolnikov à son réveil montre que son propre corps est intimement compromis par ce rêve. Il s'éveille terrifié comme si c'était *lui* qui avait été battu à mort et se rappelle aussitôt avec horreur son intention de tuer la vieille femme en la frappant sur la tête d'une manière très semblable à celle dont a été frappée la vieille rosse.

Il semble, d'après cela, que l'expérience que fait Raskolnikov de son « propre » corps comporte une identification physique avec la vieille jument et avec la vieille femme. Le lieu de l'incident est proche du cimetière où sont enterrés sa grand-mère et son jeune frère. Il n' « *imagine* » pas qu'il est une vieille jument/vieille femme. Au contraire, « dans son imagination », il est aussi loin que possible de la situation où il est dans son rêve ou dans son fantasme. Dans son rêve, il est un garçon de sept ans en état d'empathie avec une vieille rosse, alors que dans son fantasme son propre corps participe à la mort d'une vieille rosse et vieille femme. Mais nous apprenons par la suite qu' « il » s'imagine être Napoléon ! Il est « perdu » entre son imagination, où il se voit sous les traits de Napoléon, son rêve, où il est un petit garçon, et son fantasme, où il est une vieille jument battue et une vieille femme qu'il s'apprête à tuer.

Raskolnikov est au fait de ses rêves et de son intention d'assassiner la vieille usurière. Il n'est pas au fait du lien qui existe entre Mikolka, les autres paysans à l'ivresse brutale et violente, et lui-même, ni du lien entre la vieille jument et la vieille femme. Il n'établit aucun rapport entre ce qui précède et ses « propres » sentiments à l'égard de sa mère[1]. Il n'a pas conscience d'identifier sa mère (ou sa grand-mère) avec une usurière avare et avec une vieille jument bonne à rien. Pas plus qu'il n'a conscience de s'identifier lui-*même* avec la vieille rosse, avec sa mère, ou avec l'usurière.

_____

1. Voir chapitre x.

Quand il « sait » enfin que la vieille femme sera assassinée le lendemain, il se sent comme un condamné à mort. Dans la modalité de son fantasme, c'est *lui* la victime, alors qu' « en imagination » et « en réalité », il est le bourreau.

Juste avant d'entrer dans la maison de la vieille pour la tuer, il fait la remarque suivante à propos de ses pensées : « C'est ainsi, je suppose, que les pensées de ceux qu'on mène à l'exécution s'accrochent à tout ce qu'ils voient en chemin... » Autrement dit, en fantasme il est bien plus la victime qu'on mène à l'exécution qu'il n'est le bourreau.

Juste avant que la vieille ouvre sa porte, il perd soudain la conscience de son propre corps. Il semble que pour pouvoir assassiner cette vieille femme, Raskolnikov opère une action-dans-le-fantasme qui consiste à reprojeter « la vieille rosse » dans la personne de l'usurière qui, « en réalité », lui est indifférente.

Raskolnikov assassine la vieille « pour être Napoléon », « pour de l'argent » ou simplement « par dépit », comme il se le dit par la suite. Mais Dostoïevski révèle également le fantasme de son personnage, en tant que modalité d'action et d'expérience, sous la forme d'un *rêve physique* où Raskolnikov est à la fois submergé et retenu. Dans cette servitude il est exclu, avec de fugitifs moments d'émergence, de la participation au monde « réel » en tant que jeune homme en sa « propre » personne. Cet état lui ôte toute possibilité de reconnaître qui est l'autre.

Dans ce roman, le thème de la prostituée est étudié de façon approfondie. La vieille femme est aussi une sorte de *pro*-stituée, comme l'est Raskolnikov lui-même, dans le sens où quelqu'un tient lieu de quelqu'un d'autre. Dostoïevski précise que Raskolnikov fut pris d'une violente aversion pour elle « à première vue, et bien qu'il ne sût rien d'elle ». Dans l'expérience de Raskolnikov, la « vieille » et sa sœur étaient à tel point fixées dans la modalité du fantasme que c'était à peine si autre chose faisait impression sur lui. Par instants seulement, il se rendait compte qu'il les *fantasmait* plutôt qu'il ne les *percevait* « sous leur vrai jour ». Ainsi pris au piège, « à l'intérieur » de son fantasme, il n'est pas étonnant qu'il se sentît suffoquer.

CHAPITRE V

Le froid de la mort

Le récit qui va suivre retrace les expériences d'une femme de trente-quatre ans, peu après la naissance de son troisième enfant, pendant durée de cinq mois. Au cours de cette période, le mélange de fantasme, de rêve et d'imagination suscita une psychose puerpérale qui, cliniquement parlant, n'est pas chose rare.

Bien que son médecin n'eût décelé aucune maladie organique, Mme A., trois semaines après la naissance de son troisième bébé, était toujours incapable de se lever. Après ses deux précédentes grossesses, elle avait éprouvé une sensation analogue d'épuisement, un dégoût complet d'entreprendre quoi que ce fût, une absence totale d'intérêt pour son entourage et pour les choses ordinaires de sa vie.

Une nuit, une « effroyable tempête » se déchaîna dans sa tête. Il lui semblait que des voiles claquaient au vent et se déchiraient. Bien que cela pût être ce que nous appelons un rêve, elle était convaincue de n'avoir pas fermé l'œil. Quand son mari rentra, le lendemain, d'un voyage d'affaires, elle lui reprocha de l'avoir détruite en lui infligeant des grossesses

répétées, puis l'accusa d'être cruel et sans cœur. Jamais
auparavant elle n'avait exprimé des sentiments de
ce genre. Elle était complètement épuisée, incapable
de continuer à s'occuper du bébé ou de prendre soin
des deux autres enfants. On fit venir le médecin qui,
sans avoir découvert le moindre symptôme physique,
diagnostiqua une cystite et prescrivit des pilules. Elle
ne les prit que le lendemain soir, parce qu'elle avait
peur que ces pilules ne la guérissent pas, ou même
que, dans l'état où elle était, elles ne lui fissent du
tort. C'est cette attitude qui, pour la première fois,
fit penser à son entourage qu'elle était « cinglée ».

Elle se leva cependant, dans la soirée, et se conduisit
normalement avec les amis qui étaient venus la voir,
mais elle avait l'impression très nette, bien qu'impossible à décrire, d'être « différente », impression qu'elle
attribua à son intoxication. Elle passa encore une
nuit abominable, dans sa tête la tempête faisait rage,
de nouveau des voiles claquaient, et elle avait en outre
l'étrange sensation que ses pensées ralentissaient et
s'arrêtaient au point mort. Quand elle s'éveilla d'un
sommeil agité, elle ne se sentit pas fiévreuse comme
la première fois. Elle « réalisa » subitement que rien
n'avait rien à voir avec elle : elle ne faisait plus
partie de « ce » monde. La chambre et le bébé dans
son berceau lui paraissaient tout petits, lointains,
« comme vus par le petit bout de la lorgnette ». Elle
se sentait parfaitement indifférente. Elle était « absolument et complètement dépourvue d'émotions ».

Comme elle restait couchée, dans cet état, elle
éprouva des sensations bizarres dans la langue. On
eût dit qu'elle était tordue, paralysée. Elle regarda
sa langue dans une glace : son aspect était normal,

cependant le contraste entre ce qu'elle ressentait et ce qu'elle voyait l'effraya. Au milieu de la matinée, elle commença à se dire qu'elle avait un empoisonnement et que le poison se propageait dans ses veines. Elle prit sa température. Celle-ci était normale, mais c'était parce que son corps ne réagissait pas au poison.

L'idée qu'elle avait un poison dans le sang persista pendant les cinq mois suivants et s'exprima dans plusieurs rêves qu'elle fit au cours de la période transitoire où son état de « non-réaction » passa par diverses phases. Elle crut d'abord que le poison provenait d'un microbe qu'elle avait dans la vessie ; quelques semaines après, elle s'enrhuma et crut alors qu'un second microbe, celui du rhume, avait tué et remplacé le premier. Ensuite elle se dit que le poison provenait de son intestin, peut-être de vers intestinaux. Aucun mot ne lui paraissait propre à exprimer cette présence qu'elle sentait en elle. Un microbe, un ver, une « petite bête » était en train de l'empoisonner, de pourrir son corps.

Elle était dans « le froid de la mort ». Ses extrémités étaient froides : un poids lui alourdissait bras et jambes. Le plus léger mouvement exigeait un effort immense. Sa poitrine était vide. Dans cet état voisin de la mort, elle se faisait autant de soucis pour les médecins que pour elle-même ; en effet, une fois qu'elle serait morte, ceux-ci auraient de très graves ennuis pour s'être trompés dans leur diagnostic. Les médecins étaient tragiquement fourvoyés par l'absence d'indices physiques présageant cette mort. L'absence de ces indices était la preuve du caractère absolument unique de son état. Du fait que son corps était en état de « non-réaction », il était parfaitement logique que les médecins ne découvrissent pas la moindre anomalie. Elle ne pouvait guère leur reprocher leurs erreurs tragiques ; elle souhaitait que les docteurs et elle-même eussent ensemble raison, mais sans doute la chose était-elle impossible. Quand elle serait morte, le poison contenu dans son corps ferait peut-être croire à un suicide mais, le jour où toute la lumière serait faite, il se pourrait bien qu'elle fût le cas unique qui révolutionnerait toute la science médicale. Alors les médecins qui l'avaient soignée seraient couverts de honte. Bien qu'elle se plaignît d'être complètement épuisée, elle était prête à discourir indéfiniment sur son état de mourante et ses gestes n'en étaient aucunement ralentis.

Sa peau lui paraissait d'une pâleur mortelle. Ses mains avaient une couleur anormale, d'un bleu presque noir. A tout instant son cœur pouvait s'arrêter de battre. Elle avait la sensation que ses os étaient tordus, réduits en poudre. Sa chair pourrissait. Quand elle eut quitté ce monde de la mort pour retrouver le monde de la vie, elle décrivit en ces termes le commencement de la fin :

Un jour, vers la mi-mars, je sentis un froid terrible dans mes jambes mais remarquai en même temps que mes pieds étaient chauds. Comme cela ne correspondait pas à mon hypothèse, je me mis à réfléchir. Cependant rien ne me venait à l'esprit, mais, quelques jours plus tard, je me reposais, ne songeant à rien de particulier, quand l'idée me vint qu'une maladie assez grave pour qu'on « commence » à mourir devait tout d'abord abattre le malade, quelle que fût sa force de volonté. Cette idée me fut d'un grand réconfort mais il fallut cependant qu'un médecin me confirmât la justesse de mon raisonnement, ce qui d'ailleurs ne m'apporta pas un grand soulagement, du fait que beaucoup trop d'arguments contraires s'y opposaient encore dans mon esprit et que j'étais toujours incapable de suivre une pensée plus de quelques instants. Peu après, mon idée d'un état où l'on « commencerait à mourir » m'apparut dans tout son ridicule et je me rendis compte que je parlais d'une agonie synonyme de l'état où l'on cesserait de réagir à une fièvre et qui entraînerait la mort au bout de quelques heures (du moins je le supposais). Je me sentais toujours très malade, comme si j'avais une pneumonie et qu'on me forçât à faire comme si de rien n'était, surtout quand on m'obligeait à sortir, et je sentais mon cœur battre très très faiblement, ma respiration était très courte, mes mains bleuissaient par moments, même quand je ne les plongeais pas dans l'eau. Je fus prise d'une légère agitation et en même temps j'avais l'impression de lâcher prise, quand, une nuit, dans mon lit, l'idée me vint tout à coup que j'étais effectivement dans un état d'irréalité et que je m'apprêtais à en sortir, et je fus prise de panique à la pensée d'en sortir — j'étais submergée, et faible. Je me roulai en boule, décidée à ne pas lâcher, et l'impression se dissipa.

Peu après je trouvai l'explication psychologique de la couleur bleue de mes mains et, une semaine plus tard, celle du fait que je m'aspergeais les mains pour les faire bleuir, et du besoin que j'avais de les savonner et de faire de la mousse. Je me suis sentie très bien cette nuit-là, je respirais profondément, j'avais chaud partout, mon pouls était bien frappé. Le lendemain matin, j'étais toute joyeuse à l'idée de commencer une nouvelle journée, je n'envisageais pas l'éventualité de mourir avant le soir, mais j'avais des élancements dans tout le corps, surtout dans les poignets et dans la tête. Le jour suivant, je me retrouvai à mon point de départ, mes symptômes étaient tous revenus dans toute leur acuité, et j'étais parfaitement convaincue que c'était mon diagnostic qui était le bon. Cet état d'esprit dura huit jours au cours desquels je m'efforçai plus que jamais de convaincre les médecins que j'avais raison. A la fin de la semaine, je passai mon premier week-end à l'extérieur, non pas parce que je me sentais mieux, mais je ne voulais pas décommander mon amie une fois de plus, et en outre j'en avais par-dessus la tête de ma situation à l'hôpital et je me disais que rien ne pouvait être pire. Une fois sortie, je m'aperçus que je me sentais normale en présence des gens, que je n'avais plus l'impression d'être séparée d'eux par une barrière, et de nouveau je ne parvenais plus à concilier ce fait avec l'idée que j'étais mourante. Néanmoins je sentais tout le temps que ma mort était imminente et je passai le reste de la semaine à essayer de prouver que j'avais raison. Je pris moi-même la décision de sortir le week-end suivant, car j'en avais plus qu'assez de cette atmosphère, et du psychiatre, ce qui se passait dans la salle m'énervait et me faisait peur, et je voulais échapper à tout cela. Pendant ce week-end je réussis à me rassurer chaque fois que la panique se déclenchait en moi, tous les arguments contre mon hypothèse se présentèrent en même temps à mon esprit et j'eus le sentiment que l'explication que j'avais trouvée concernant le bleu de mes mains était vraiment juste et correcte. C'est pourquoi, à mon retour à l'hôpital, je me réjouis beaucoup quand le psychiatre me proposa de devenir une malade en consultation, bien qu'aucun de mes symptômes n'eût disparu, à part le froid dans les jambes, et je fus tout étonnée de me rendre compte que j'étais capable d'éprouver une émotion agréable. Je fus prise d'un désir intense d'échapper à la laideur qui m'entourait à l'hôpital : je me sentais très mal à l'aise (*sic*) dans la salle commune, sachant combien la conduite des malades est imprévisible. Tout en me sentant très malade, l'idée me plaisait davantage de l'être dans le cadre agréable d'une maison et en compagnie de gens normaux. Je découvris que j'étais sensible à la musique, que les dessins humoristiques et tout ce qui était drôle m'amusaient, que j'aimais la lecture et pas uniquement celle d'articles médicaux — mes pensées avaient pris un tour nettement positif. Toutefois j'avais de fréquents accès de panique et, quand j'étais dans cet état, j'étais incapable de voir au-delà de ce que j'éprouvais sur le moment, la sensation que j'allais m'affaisser et mourir, mais quand vint le jour où il me fallut aller toute seule à l'hôpital, j'eus la force de m'en remettre à Dieu, la confiance que témoignait le psychiatre dans ma capacité d'agir me remplit d'assurance, j'étais décidée à ne pas nous laisser tomber, ni lui ni moi. Mon optimisme grandissait de jour en jour et, un beau matin je réalisai en un éclair que les médecins étaient capables de diagnostiquer l'état de mourant quelle qu'en fût la cause, et je vis en même temps, clairement, que je m'étais leurrée, et je sus que ce n'était plus le cas. Après cela, chaque journée apporta une amélioration, je devins de moins en moins apathique et je commençai à avoir envie de rentrer chez moi pour voir mon mari et mes enfants. Je ne m'intéressais plus du tout à mes symptômes, j'étais capable de voir très clairement ce qui m'était arrivé et comment tout cela était venu.

L'explication « psychologique » de la couleur bleu-noir de ses mains, elle l'avait « réalisée » en un « éclair ». Ses mains étaient son second enfant dont elle avait un jour aspergé d'eau froide le visage devenu d'un bleu noir au cours d'une crise de suffocation.

Les « éclairs », à présent, se faisaient nombreux, aux brefs moments où elle sortait de ce qu'elle appelait la « tapisserie de symboles » dans laquelle tout son corps était enveloppé. C'est ainsi qu'elle « réalisa » soudain, une nuit qu'elle était éveillée guettant avec angoisse le prochain battement de son cœur, que son cœur *était* un fœtus dont le cœur battait faiblement et rapidement et, dans le cours du mois suivant, elle « réalisa » que sa langue tordue *était* celle de son père après une attaque ; que sa peau et que sa poitrine étaient celles de son frère tuberculeux quand elle avait assisté à son agonie. Elle émergeait soudain dans ces « réalisations », au sortir de son « état d'irréalité », mais parfois retombait malgré elle dans son état irréel. Quelquefois, comme elle l'écrit plus haut, elle se cramponnait désespérément à son « irréalité » et la bouffée du réel passait à côté d'elle. Elle fit plusieurs rêves qui semblaient se rapporter, entre autres, à ces questions.

Dans l'un de ces rêves, elle était coincée par un homme qui voulait la violer. Elle ne voyait aucun moyen de s'échapper. Réduite aux abois, elle essaya, toujours dans son rêve, de fuir dans l'état de conscience éveillée, mais elle était toujours acculée, c'était même pire maintenant puisque c'était réel, si bien qu'elle s'échappa de nouveau en rêvant que « de toute façon ce n'était qu'un rêve ». Dans un autre rêve, elle se trouvait dans une maison obscure et regardait par l'ouverture d'une porte dont un parapluie noir barrait le seuil. Dans le rêve, elle sentait que l'irréel était à l'intérieur et le réel à l'extérieur, mais elle ne pouvait pas sortir à cause du parapluie. Un troisième rêve, juste après qu'elle eut enfin émergé du « froid de la mort », comportait les éléments suivants : elle était dehors et regardait un grand avion dont la porte était ouverte ; dans l'encadrement se tenait un médecin qui ressemblait par certains traits à plusieurs personnes y compris moi. Cette fois, elle était convaincue que la réalité était à l'extérieur et l'irréalité à l'intérieur. Elle voulait entrer dans l'irréalité mais le médecin lui barrait le passage. Voici comment elle résuma les cinq mois qu'avait duré son état de mort : « Il me semble avoir vécu dans un état métaphorique. J'avais tissé une tapisserie de symboles dans laquelle je vivais. »

Une fois sortie de cet état métaphorique où elle avait vécu presque morte dans sa tapisserie de symboles, elle se sentit plus intensément vivante que jamais auparavant. Cinq ans après, elle se portait toujours aussi bien et elle eut encore un enfant sans la moindre complication.

Pourquoi certaines personnes se mettent dans des états de ce genre, nous l'ignorons. Chez cette femme, la dominante était « le froid de la mort ». Elle ne franchit jamais vraiment la porte pour sentir qu'elle *était bien* morte. Elle était différente, lointaine, partie dans un autre monde. Ce monde-ci était devenu, pour elle, ce monde-*là*. Sa peau, sa langue, ses mains, ses poumons, son cœur, sa vessie, ses intestins, son sang, ses os étaient attirés dans le domaine de la mort. Une suite de réalisations soudaines la fit revenir de ce monde-là, des morts et de l'irréalité, dans ce monde-ci, des vivants. Elle revint au printemps, après l'hiver le plus étrange de sa vie.

Mais ce retour ne la délivra pas seulement de la captivité mortelle des cinq mois écoulés. Lors de ses réalisations successives, elle sentait que son corps avait été occupé par les corps des morts (la seule exception étant son cœur qu'elle avait senti vraiment cesser de battre au moment où elle avait cru que son bébé était mort) ; que cet état de choses avait duré quelque temps avant qu'elle commençât à ressentir le froid de la mort ; et qu'en redécouvrant son propre corps, qui était devenu une sorte de cimetière où étaient enterrés des morceaux de son père, de son frère et de sa mère, elle était, en un sens, ressuscitée d'entre les morts. Quittant le royaume des morts, elle était revenue à la vie.

J'ai fait allusion ailleurs à la possibilité que ce que nous appelons psychose soit parfois un processus naturel de guérison (opinion dont je ne prétends pas avoir la priorité).

Confrontée avec l'expérience de cette femme, la terminologie clinique psychiatrique, sous ses aspects à la fois descriptif et théorique, est presque entièrerement inadéquate. Si l'on ne peut pas décrire, on ne peut pas expliquer.

Nous avons ici un aperçu, dans sa réalité nue, de la complexité des expériences que ceux d'entre nous qui ne se bornent pas à nier ce qu'ils ne peuvent expliquer ou même décrire s'efforcent de comprendre. La théorie ne peut être légitimement élaborée qu'au nom de l'expérience, non pas aux fins de nier l'expérience que la théorie, par embarras, passe sous silence. La description suivante n'est que la première étape d'une analyse phénoménologique.

L'expérience habituelle de Mme A., dans ses rapports avec son mari, ses enfants, ses amis, fit place soudainement à un nouveau mode d'expérience. Elle quitta ce monde pour entrer dans un autre où elle était enveloppée d'une tapisserie de symboles. Ce que nous considérons comme « réel » n'avait plus aucun sens pour elle. Cependant, à ce moment-là, elle n'*éprouvait* pas ces expériences comme *irréelles*. Au temps où elle était dans le froid de la mort, elle ne se plaignait pas de faire une expérience irréelle de son corps, ou des autres gens. Ce ne fut qu'en sortant de l'état où elle s'était trouvée que, jetant un regard en arrière, elle « se rendit compte » qu'elle avait vécu, *selon ses propres termes,* dans un état d' « irréalité ».

Le sentiment que nous avons habituellement d'être reliés aux autres, d'êtres nous-mêmes « connectés », d'être réels et vivants, est fréquemment sous-tendu par une modalité de fantasme dont nous n'avons pas conscience. Le fantasme n'est pas généralement vécu comme irréel. « Réel » et vivant, par opposition à « irréel » et mort, sont des qualités du fantasme plutôt

que de l'imagination. L'expérience que l'on fait en
étant amoureux peut se dérouler en grande partie
« dans » le fantasme, et rien n'est cependant plus réel
ou vivant.

Tandis qu'elle s'enfonçait dans « le froid de la
mort », Mme A. ne sentait plus de lien personnel
entre son soi présent et son monde ancien. Elle sortit
sans attaches de ce monde ancien où elle voyait que
son mari, ses enfants, ses amis étaient restés. Pour
autant que j'aie pu m'en assurer, ce détachement n'était
le fruit d'aucune intention de sa part. Même si elle
avait consciemment projeté de se retirer du monde,
comment la chose lui était-elle arrivée, alors que la
plupart des gens qui souhaitent ardemment échapper
à eux-mêmes et au monde n'y *parviennent pas ?*

Le tableau suivant montre quelques-uns des rapports qu'elle établit lors de ses réalisations « soudaines ». Tout cela venait d'elle-même. J'en fus tout
aussi surpris qu'elle. Aucune interprétation qui en
approchât même vaguement n'avait été faite par
personne :

Sa langue qu'elle sentait tordue mais voyait normale	était	la langue de son père quand il avait eu la série d'attaques qui avait entraîné sa mort.
Sa poitrine qu'elle sentait vide, et sa peau qu'elle voyait jaune	étaient	la poitrine et la peau de son frère sur son lit de mort.

Sa main	était	la tête de son bébé au cours d'une crise de suffocation.
qu'elle voyait d'un bleu noir		
Son cœur	était	son bébé au cours de la dernière grossesse, quand on avait craint des complications.
Ses os	étaient	les os de sa mère, qu'une arthrite déformante avait rendue infirme dès la petite enfance de la patiente.

Dans le froid de la mort, rien n'était plus réel que le fait qu'elle était mourante et qu'elle allait mourir comme son père, sa mère ou son frère. Rien n'était moins réel que la relation entre sa langue, sa poitrine, ses mains, son cœur, ses os, et son père, sa mère, son frère ou son bébé[1].

1. Considérez la série : nuit, tempête, ver, maladie mortelle. Comparez ce qui précède avec la série contenue dans le poème de Blake :

> *O Rose, tu es malade !*
> *Le ver invisible*
> *Qui vole dans la nuit*
> *Dans la tempête hurlante*
>
> *A trouvé ton lit*
> *De joie pourpre*
> *Et ce noir amour secret*
> *Détruit ta vie.*

Le parallèle est presque parfait.

Des expériences cruciales avec le dernier ensemble, le domaine, avaient été tracées sur des parties de son corps, le champ. Par l'opération de traçage de l'identification introjective, ces parties de son corps avaient acquis une valeur φ. Elle réagissait à leur égard en fonction de leur valeur φ, sans se rendre compte que l'expérience qu'elle en avait était un produit du traçage. *Comment* elle accomplissait cette opération, et la soutenait, et par quelle autre opération elle parvint à éliminer la première de son expérience, je l'ignore.

Deuxième partie

LES FORMES DE L'ACTION
INTERPERSONNELLE

CHAPITRE VI

Identité complémentaire

Le rabbi Kabia (en captivité à Rome), à son disciple favori, Siméon ben Yochai . « Mon fils, plus d'un veau désire téter, que la vache se languit d'allaiter. »

Quand nous retraçons une expérience ou une action accomplie en imagination, en rêve, en fantasme, il est toujours nécessaire d'étendre notre récit explicitement ou implicitement à tout un « nexus » d'autres personnes, imaginaires, rêvées, fantasmatiques ou « réelles ». Je vais essayer à présent de mettre davantage en relief la relation entre ces autres personnes et le soi.

Dans la théorie et la méthode psychiatriques, le fait nouveau le plus important depuis une vingtaine d'années est, à mon sens, le mécontentement de plus en plus marqué qui accueille toute théorie ou étude de l'individu isolant celui-ci de son contexte. De divers côtés, des efforts ont été faits pour remédier à cette situation. Ne nous cachons pas, cependant, qu'il y a des pièges redoutables.

Un schéma peut découper faussement la réalité. Il faut établir une distinction entre un découpage qui fait violence à la réalité personnelle et l'analyse légitime d'une situation, point par point. Il ne s'agit pas de séparer l' « esprit » et le « corps », le « physique » et le « psychique ». Il ne faut pas traiter les « personnes » comme des « animaux » ou des « choses », mais il serait absurde de vouloir dissocier l'homme de ses rapports avec d'autres créatures, ou de la matière qui est son moule. Il est extrêmement difficile de ne pas mutiler, sans nous en rendre compte, notre réalité humaine en l'assimilant à des concepts, au point que l'original disparaît dans le processus.

De plus, nous ne pouvons pas donner une description fidèle d' « une personne » sans décrire également ses rapports avec d'autres. Même si l'on décrit une seule personne, il ne faut jamais oublier que chaque personne *agit* toujours sur les autres et qu'elle *subit les agissements* des autres. Les autres sont là aussi. Personne n'agit ou ne fait une expérience quelconque dans le vide. La personne que nous décrivons et qui fait l'objet de nos théories *n'est pas le seul agent dans son « monde »*. La façon dont elle perçoit les autres et se conduit à leur égard, la façon dont ceux-ci la perçoivent et agissent envers elle, celle dont ils la perçoivent en tant que les percevant, sont toutes des aspects de « la situation ». Elles contribuent toutes à faire comprendre le rôle qu'y joue la personne.

COMPLÉMENTARITÉ

Une femme ne peut être une mère si elle n'a pas d'enfant. Il lui faut un enfant qui lui confère son identité de mère. Un homme a besoin d'une épouse pour être un mari. Un amant sans maîtresse n'est qu'un prétendu amant. Tragédie ou comédie, cela dépend du point de vue. Toute « identité » requiert l'existence d'un autre : de quelqu'un d'autre, dans une relation grâce à laquelle s'actualise l'identité du soi. Parfois l'autre, par ses actions, impose au soi une identité qui lui déplaît. Ainsi le mari trompé se voit parfois affublé, contre son gré, de l'identité de cocu.

Nous désignerons par complémentarité[1] cette fonction des relations personnelles par laquelle l'autre complète le soi ou répond à son attente. Une personne peut en compléter une autre de diverses manières. Sur un certain plan, cette fonction est déterminée biologiquement et, à l'opposé, fait l'objet d'un choix hautement individualisé. La complémentarité est plus ou moins conventionnelle ou conditionnée par la société. On en discute souvent sous la dénomination de rôle.

On parle d'un geste, d'un acte, d'un sentiment, d'un

---

1. Cet emploi du terme « complémentarité » doit être distingué de ses autres acceptions courantes. Haley, par exemple (1958 *b*), oppose les relations « complémentaires » aux relations « symétriques ».

« Une relation complémentaire consiste en ce qu'une personne donne et l'autre reçoit, plutôt qu'en une compétition des deux, comme c'est le cas dans la relation symétrique. Dans une relation complémentaire, le statut des deux personnes est inégal, c'est-à-dire que l'une est dans une position de supériorité et l'autre dans une position secondaire. Position " de supériorité " signifie que cette personne prend l'initiative d'agir et que l'autre suit ; qu'elle formule des critiques et que l'autre les accepte ; qu'elle donne des conseils et que l'autre lui en reconnaît le droit, et ainsi de suite. Dans une relation de cet ordre les deux personnes ont tendance à s'accorder ou à se compléter » (p. 44).

Notre conception n'est pas la même.

besoin, d'un rôle, d'une identité complémentaires d'un geste, d'un acte, d'un sentiment, d'un besoin, d'un rôle ou d'une identité correspondante de l'autre.

En grandissant, l'enfant peut devenir une bénédiction pour ses parents en leur permettant de s'accomplir en tant que parents. Cette sorte de complémentarité est tantôt vraie, tantôt fausse. D'après Stephen, sa mère était tellement remplie d'elle-même que rien de ce qu'il faisait ne semblait avoir la moindre importance pour elle. Pourtant, elle *avait besoin* de lui. Il ne disposait d'aucun moyen de se montrer généreux, alors qu'elle était toujours généreuse. Il découvrit cependant un moyen de la « coincer » : c'était de refuser sa générosité. Pour la mère, son identité-pour-soi dépendait des collusions qu'elle établissait avec d'autres, où elle serait la personne qui donne et les autres celles qui reçoivent, celles-ci ayant à se débattre entre l'envie et la gratitude. Tout enfant qu'il fût, il sentait déjà que cette attitude lui permettait de prendre sa revanche sur la situation pénible dans laquelle on l'avait placé.

Donner et recevoir du plaisir ont leur origine lointaine dans l'allaitement. Il peut y avoir là réciprocité vraie. Le besoin que le nourrisson a du sein et celui que le sein a du nourrisson coexistent dès le début. La mère reçoit quelque chose du bébé, le bébé reçoit quelque chose de la mère. Le « bon » sein est celui qui est capable de recevoir en même temps que de donner. Prendre et donner iront de pair, l'acte de prendre sera en même temps un don, et donner sera prendre.

Vue sous cet angle, la sensation de vide n'est pas due à un estomac vide. On peut se sentir physiquement vide quand on ne s'engage pas dans ce qu'on fait ou quand ce dans quoi l'on s'engage vous paraît, en soi, privé de sens. Cependant, un sentiment de vide et de futilité peut naître chez quelqu'un qui s'est engagé dans ses actes, même quand ils semblent avoir un sens pour lui, si autrui ne lui accorde aucune considération et s'il sent qu'il ne peut compter aux yeux de personne. C'est sur cette base, réelle dans le domaine de l'imagination et du fantasme, que des agressions furieuses et destructrices dirigées, en fantasme, contre un « bon » sein *se suffisant à lui-même* tournent à l'envie et à la rancune. En fantasme, on détruit ce que l'on hait, et l'on hait ce qu'on ne peut avoir puisqu'on l'a détruit. La froideur et l'indifférence de l'autre font naître dans le soi un sentiment de vide et d'impuissance. La destruction de l'autre, en fantasme, engendre un cercle vicieux. Le soi reçoit et donne. Il a besoin d'un autre qui donne et qui reçoive. Plus le soi reçoit et plus il a besoin de donner. Plus l'autre est incapable de *recevoir*, plus le soi a besoin de détruire. Plus le soi détruit l'autre et plus il se vide. Plus il est vide, plus il est envieux ; plus il est envieux, plus il est destructeur.

L'autre, en tant que prototype de celui qui donne mais ne reçoit pas, qui demeure froid et indifférent, tend à faire naître dans le soi un sentiment d'échec. Même s'il réussit dans un domaine quelconque, il se dira toujours : « Je n'ai rien à donner, au fond. Tout ce que je sais faire, c'est prendre. D'ailleurs, tout le monde s'en moque. » Il peut avoir le sentiment que sa vie n'aurait de sens que si elle comptait aux yeux des autres car, pour lui, c'est la seule chose qui importe : « laisser sa marque ». Même s'il est sexuellement puissant et remporte des « succès », il a l'impression de ne jamais « y arriver » vraiment, toujours frustré au milieu du plaisir. Compter pour l'autre est la victoire. Permettre à l'autre de compter pour lui est la défaite. Incapable de vraie réciprocité, il ne la trouve jamais. Il a peur de tout le monde à l'idée que quelqu'un pourrait compter pour lui. Si l'autre lui donne de l'amour, il repoussera cet amour dans la mesure où il sent qu'on lui donne quelque chose ; ou bien il le méprisera s'il sent que l'autre dépend de lui pour recevoir quoi que ce soit. Finalement, il a perdu à la fois le sens de sa capacité de donner et celui de la capacité qu'a « l'autre » de recevoir.

Examinons ce problème en ce qui concerne la sexualité. Il y a, dans la sexualité, deux intentions fondamentales : soulager agréablement une tension et susciter un changement chez l'autre. Si celui-ci n'entre pas dans le jeu, l'acte sexuel peut laisser un sentiment de vide. Le seul plaisir personnel de montée et de chute de la tension peut être une frustration intense. Toute théorie de la sexualité qui considère comme le « but » de la « pulsion » sexuelle la seule capacité d'atteindre à l'orgasme alors que le partenaire, avec quelque soin qu'on l'ait choisi, n'est qu'un pur objet, un moyen d'arriver à cette fin, passe sous silence le désir érotique de compter aux yeux de l'autre. Quand Blake suggérait que ce qu'on recherche le plus, ce sont les « linéaments du désir satisfait » *chez l'autre*, il donnait à entendre que l'une des expériences les plus décevantes qu'on puisse faire, c'est de décharger toute son énergie, ou sa libido, si agréable que ce soit, sans que cela fasse aucune différence pour l'autre.

La frigidité, chez la femme, est souvent le refus d'accorder à l'homme le triomphe de « donner » du plaisir. Cette frigidité est une victoire et un supplice. « Tu as beau avoir ton pénis, ton érection, ton orgasme, cela ne me fait absolument rien. » De fait, l'érection et l'orgasme sont des aspects très restreints de la puissance : puissance impuissante à compter aux yeux de l'autre. Analogue à la femme frigide, l'homme impuissant est souvent décidé à ne pas accorder à la femme le plaisir de le satisfaire.

Jack est puissant. Jill est frigide. Jack n'a pas envie d'être seul à jouir. Cela ne compte pas pour lui. Ou plutôt, cela lui donne l'impression d'être rejeté. Il voudrait lui donner un orgasme. Elle voudrait ne pas être frigide, parce qu'elle voudrait lui offrir son orgasme ; ce serait un cadeau. Mais s'il la forçait à avoir un orgasme, ce serait une défaite. Il aurait gagné et elle aurait perdu. Cela lui plairait cependant d'être vaincue, mais il n'est apparemment pas capable de la vaincre. Cela dit, si elle ne jouit pas, du diable s'il jouit lui-même, et le voilà devenu impuissant. S'il faut en général plusieurs années de mariage pour en arriver là, quelques mois suffisent à certaines personnes pour franchir ces diverses étapes.

La frustration se mue en désespoir quand la personne commence à douter de sa capacité de « signifier » quoi que ce soit pour qui que ce soit.

La prostituée procure, moyennant finance, les « linéaments » complémentaires indispensables. S'il ne les trouve pas chez Jill, Jack commence à désespérer de pouvoir compter aux yeux de quiconque, mais peut-être s'accommodera-t-il d'un bon simulacre. Il se peut d'ailleurs que Jill soit disposée à jouer le rôle de la prostituée. On reste, comme qui dirait, en famille.

Toute relation implique une définition de soi par l'autre et de l'autre par soi. Cette complémentarité peut être centrale ou périphérique, avoir une plus ou moins grande importance dynamique à différentes périodes de la vie. Il arrive un moment où l'enfant se révolte contre le nexus de liens qui l'attachent à ses parents et à ses frères et sœurs, qu'il n'a pas choisis ; il ne veut pas qu'on le définisse et qu'on l'identifie en tant que fils de son père ou frère de sa sœur. Ces gens peut-être lui apparaissent comme des étrangers. Il a certainement des affinités avec des parents plus dignes, plus sages, plus nobles. Toutefois, ce nexus de liens complémentaires est un point d'attache bien désirable pour d'autres. Parfois des orphelins ou des enfants adoptés sont pris d'une violente envie de découvrir « qui ils sont » en retrouvant les traces du père et de la mère qui les ont engendrés. Ils se sentent incomplets puisqu'il leur manque ce père ou cette mère dont l'absence laisse inachevée l'idée qu'ils se font d'eux-mêmes. Quelque chose de tangible, ne serait-ce qu'une inscription sur une pierre tombale, peut suffire. On dirait que cela permet de « boucler la boucle ».

On ne saurait abstraire complètement l'identité « propre » de quelqu'un de son identité-pour-autrui. Son identité-pour-soi ; l'identité que d'autres lui attribuent ; les identités qu'il leur attribue ; l'identité ou les identités qu'il croit qu'ils lui attribuent ; ce qu'il croit qu'ils croient qu'il croit qu'ils croient...

L' « identité » est ce qui fait qu'on se sent *le même*, en ce lieu et en ce moment, qu'en cet autre moment et en cet autre lieu, passé ou futur ; c'est ce par quoi l'on est identifié. J'ai l'impression que la plupart des gens ont tendance à se dire qu'ils sont les mêmes êtres continus du berceau à la tombe. Et que cette « identité », plus elle appartient au fantasme, plus on la défend avec acharnement.

Parfois une « identité » devient un « objet » qu'une personne a perdu ou a l'impression d'avoir perdu, et qu'elle se met à chercher. De nombreux fantasmes primaires sont liés à l'identité, à « son » objectivation et à sa réification. La recherche moderne de l' « identité », si fréquemment décrite, devient un scénario fantasmatique de plus.

L'on éprouve un sentiment intense de *frustration* si l'on n'arrive pas à trouver cet autre dont on a besoin pour établir une « identité » satisfaisante.

Les autres deviennent une sorte de matériel d'identité dont on se sert pour construire une image de *soi-même*. L'on se reconnaît *soi-même* dans le bon sourire de tel vieil ami qui vous reconnaît.

Il semble qu'une personne éprouve de la honte plutôt qu'un sentiment coupable quand elle se sent condamnée à une identité en tant que complément de quelqu'un d'autre qu'elle voudrait renier, sans toutefois y parvenir. Il est difficile d'instituer, pour soi, une identité consistante — c'est-à-dire de se voir uniformément de la même manière — si les autres donnent de vous des définitions inconsistantes ou qui s'excluent mutuellement. Il arrive que l'autre vous définisse simultanément de façons incompatibles. Deux ou plusieurs autres peuvent vous définir simultanément de façons compatibles. Il est parfois impossible de « s'adapter » à tous ces gens ou de les rejeter tous. D'où mystification, confusion et conflit.

Des identités contradictoires ou paradoxales, formulées explicitement ou implicitement, par attributions, injonctions ou tous autres moyens (étudiés au chapitre x) ne sont pas toujours reconnues en tant que telles par soi-même ou par les autres. Telle injonction est une invite à la collusion, alors que la collusion est impossible. La collusion consiste parfois à ne pas reconnaître qu'il y a demande de collusion et à ne pas avouer que la collusion exigée n'est pas possible. Dans ce cas, l'on se trouve non seulement en état de conflit, mais dans une confusion telle qu'on n'en connaît même pas la raison et qu'on ne sait pas qu'on ne sait pas qu'on est en pleine confusion. La confusion et le doute peuvent être suscités par d'autres, qui proposent des identités complémentaires des leurs, réalisables si elles étaient réparties entre plusieurs personnes mais incompatibles si on les rassemble en *une seule*. Brian ne pouvait pas être simultanément le fils de son père et celui de sa mère (voir ci-dessous). Les choses auraient peut-être été différentes s'ils avaient eu deux fils. Avec une identité à ce point minée, il est poussé à tâcher de contrôler toutes les définitions qu'on pourrait donner de lui. Le soi rejette alors tous les éléments d'identité imposés, qu'ils soient biologiques ou sociaux. Je suis qui je choisis d'être. Si je choisis d'être une femme, je *suis* une femme. Si je choisis d'être à San Francisco, je suis à San Francisco. Cette façon de « s'en sortir » est généralement qualifiée de manie, manière folle d'échapper aux discordances intolérables d'identités qui s'annulent réciproquement, dont on est affublé par soi-même et par les autres.

Pour « s'adapter » à la fois à deux définitions discordantes, que peut-on faire sinon s'exprimer de manière contradictoire, si bien qu'au même moment l'on est chacune de ces identités incompatibles ? Ou bien, sans savoir pourquoi, l'on se sent oppressé, étouffé, encerclé, on suffoque. Ou bien on trouve l'issue dans la manie. D'un claquement de doigts, on est qui, où, quand on veut, et l'on peut aussi transformer n'importe qui en n'importe qui.

Les deux histoires suivantes illustrent l'égarement où peut tomber un individu, même si son identité complémentaire de celle des autres, en tant que fils ou fille de tels père et mère, est sapée ou *infirmée*. Les personnes en question passèrent toutes deux plusieurs mois à l'hôpital.

BRIAN

A l'âge de vingt-neuf ans, après dix ans d'un mariage apparemment heureux, Brian, désespéré, les pensées en désordre, fut admis dans un hôpital psychiatrique. Depuis quelque temps, il battait sauvagement sa femme avec une corde à nœuds, il s'était aussi mis à boire. Brian répétait sans cesse qu'il était méchant, « parce qu'il ne pouvait y avoir de méchanceté plus grande que de faire souffrir sans motif une personne qui était bonne, qui vous aimait et qu'on aimait ».

Il avait vécu avec sa mère jusqu'à l'âge de quatre ans. Il avait toujours cru que son père était mort. Dans son souvenir, sa mère était bonne, douce, gentille et innocente. Il se rappelle que, quand il eut quatre ans, sa mère fit avec lui un long voyage. Ils entrèrent dans une maison inconnue où il rencontra deux étrangers, un homme et une femme. Sa mère éclata en sanglots, l'embrassa et s'enfuit. Plus jamais il ne la vit ou n'entendit parler d'elle. Cet homme et cette femme qu'il ne connaissait pas se mirent à l'appeler par son nom et lui dirent qu'ils étaient sa maman et son papa. Il se souvient du trouble qu'il en éprouva. Ce trouble envahit tous ses sentiments, y compris le chagrin que lui causait sa mère. Il se souvient que toute son énergie se concentra en un effort désespéré pour *comprendre* ce qui s'était passé plutôt que de pleurer la perte de sa mère. Ses deux « parents » ne lui dirent rien. Deux questions brûlantes le tourmentaient : « Qui est ma maman ? » et « Qui suis-je ? ». Pour répondre à la seconde, il lui fallait répondre à la première. En perdant son « ancienne » mère, il avait perdu son « ancien » soi. Perdre brusquement son identité de « fils de ma maman » et en recevoir une nouvelle de ces deux étrangers (« Tu es notre enfant ») signifiait ceci : son ancienne maman s'était débarrassée de lui parce qu'il était méchant. Cette pensée était la seule chose à quoi il devait se raccrocher. Elle résumait tout pour lui. Elle devint son unique certitude. S'il ne savait pas *qui* il était, il savait du moins *ce* qu'il était. Et puisqu'il *était* méchant, eh bien, il *serait* méchant.

Il se rappelle avoir pris cette décision juste avant son anniversaire de cinq ans. Rien de ce qu'il avait fait jusqu'alors ne lui paraissait si terrible, rien qu'il pût regretter terriblement, et pourtant il *savait* qu'il était méchant. Comme il était méchant, il lui fallait faire des méchancetés. Une fois cette identité cristallisée, son but principal fut d'agir méchamment.

Ses « parents » avaient deux enfants à eux, un fils, Jack, et une fille, Betty, plus âgés que lui respectivement de dix-huit et de seize ans. On l'élevait comme leur jeune frère. Il se rappelle que son frère essaya de se lier d'amitié avec lui, mais il était trop enfermé dans son désarroi pour répondre à ses avances. Quand il fut un peu plus âgé, son frère partit pour le Canada.

Il devint très insupportable et bientôt commença à s'entendre dire qu'il était un mauvais sujet et n'arriverait jamais à rien. Il était enchanté chaque fois qu'il arrivait à se faire juger de la sorte. En classe, il tourmentait une fille qui était assise à côté de lui et dont il sentait qu'elle était « bonne, douce, gentille et innocente ». Le rapport qu'il y avait entre cette fille et sa « vraie » maman lui parut évident par la suite, mais à l'époque il ne s'en rendait pas compte. Il se mit à caresser l'idée de tourmenter de toutes les manières n'importe quelle fille ou femme « bonne, douce, gentille et innocente ». C'était bien là le comble de la méchanceté, et il n'avait pas de plus grand et très secret plaisir que de s'y abandonner au cours de ses rêveries.

Il avait neuf ans quand se produisit un événement décisif. A l'insu de ses « parents », il découvrit son acte d'adoption et apprit ainsi qu'il n'était pas « des leurs ». Cette découverte, dont il ne parla à personne, le remplit d'un immense mépris à l'égard de ses parents « adoptifs ». Quelle petitesse dans l'hypocrisie, la tromperie, la lâcheté, de la part de ces gens qui s'attendaient à le voir « gober » leurs histoires, croire qu'il était « des leurs » simplement parce qu'ils le disaient ! Chaque fois qu'il était méchant et que, dans leur colère, ils disaient qu'il n'arriverait à rien, il se persuadait davantage que leur « amour » pour lui était hypocrisie pure et qu'au fond il leur était parfaitement indifférent. « Ils s'étaient tout bonnement procuré un enfant au lieu d'un chien, pour leurs vieux jours. » Il se dit alors : « Pour le moment, je vais jouer leur jeu. » La méchanceté ouverte ne ferait que leur rendre des points.

À huit ans, il en était venu à croire qu'ils voulaient le pousser à être méchant en lui disant qu'il l'était. Il se disait que, s'il tournait mal, il ne réussirait qu'à leur faire plaisir. S'il était un futur rien du tout, le meilleur moyen de les frustrer, de les mortifier et de les tourmenter, c'était de devenir quelqu'un. En conséquence, sa période d'enfant difficile et « psychopathe » prit fin, il fit des progrès en classe et se conduisit en enfant bien élevé, relevant ainsi le défi de ses « parents » en les obligeant à accueillir ses succès avec l'expression d'une joie hypocrite. Vers dix ans, il avait conçu un système compliqué de tromperie à plusieurs niveaux. Quand il eut seize ans, ses parents, convaincus qu'il se croyait un membre de leur famille et qu'il avait oublié sa maman, lui annoncèrent qu'il était un enfant adopté. Il fit semblant d'être bouleversé par cette révélation, tout en étant secrètement plein de haine et de mépris pour ces imbéciles qui croyaient pouvoir si facilement l'envoyer à la potence.

Au sortir de l'école, il entra dans les affaires. Poussé à devenir quelqu'un par rancune et par esprit de vengeance, il réussit brillamment.

Depuis l'époque où il tourmentait sa camarade de classe, il n'avait pas mis en pratique ses songeries et ses rêves où il tourmentait les filles. Il se considérait comme un homme tranquille, assez timide, charmant avec les femmes. Âgé d'un peu plus de vingt ans, il épousa, le moment venu, la jeune fille de ses songeries et de ses rêves, une fille qui était « bonne, douce, gentille et innocente ». Leur union fut heureuse et ils eurent un fils. Puis il se mit à se disputer avec sa femme, sans raison et sans pouvoir s'en empêcher. Il buvait beaucoup. Il acheta une grande et grosse corde à laquelle il fit des nœuds et se mit à la battre jusqu'à ce qu'épouvantée et ahurie, elle s'enfuît chez ses parents. Leur fils avait alors quatre ans.

Il avait chassé sa femme quand son fils avait eu le même âge que lui à l'époque où sa mère l'avait abandonné. Le moment où son fils allait atteindre cet âge avait évoqué la crise originelle où il avait perdu son identité première en même temps que sa mère. Répétons-le : ce n'était pas simplement que sa mère l'eût quitté. La femme qui était partie n'était *pas* sa mère. Qui était donc celui qui était resté ?

Son ivrognerie et ses agressions contre sa femme révélaient l'infrastructure de fantasme si bien cachée par lui et depuis si longtemps que même lui n'en avait plus conscience. L'identité de sa femme en tant que personne avait brusquement perdu, en quelque sorte, son coefficient de réalité.

A ces deux événements catastrophiques — la perte de son ancienne identité, la découverte que sa nouvelle identité était fausse — il faut en ajouter un troisième. Il se peut que ce fût là, comme on dit, le coup de grâce. Juste avant ses premières manifestations de « troubles du comportement », il était retourné passer Noël « à la maison ». Son amertume avait presque entièrement disparu. Il se disait que, pour la première fois de sa vie, il avait trouvé avec sa femme le vrai bonheur. Après tant d'années, il s'était enfin accom-

modé du fait qu'il était adopté : qu'il n'était pas
« des leurs ». Il pouvait « comprendre » que ses
« parents » eussent pensé qu'il « valait mieux » le
tromper. Lors de son séjour « à la maison », il eut
une conversation avec sa sœur et, pour la première
fois, fut capable de lui parler un peu des sentiments
qu'il avait toujours tenus secrets. Cependant, lui dit-
il, il regretterait toujours de ne jamais savoir qui
était son père.

« Comment, tu ne sais pas ? dit-elle. J'ai toujours
cru que mes parents te l'avaient dit. C'est Jack qui
était ton père. »

Jack, le « frère » qui avait fait un effort particulier
pour devenir « son ami » quand sa mère l'avait
abandonné dans la famille, était mort récemment au
Canada. C'en était trop. Cela « passait les bornes de
la plaisanterie ». Ce qu'il avait secrètement possédé
de plus précieux, ç'avait été de *savoir* qu'il n'était pas
« des leurs ». La structure qui donnait un sens à sa
vie s'écroula. Quant à *lui*, il se sentait complètement
déchiré. Il avait été dupé d'un bout à l'autre. Sans
s'en douter, il avait grandi dans un milieu qui était
effectivement le sien. Quelle bêtise ! Quelle absurdité ! Il se raccrocha à une certitude que personne ne
pouvait lui ôter. Il allait s'assurer qu'il *était* méchant.
Il était mauvais. Il ne laisserait subsister aucun doute
sur ce point. Il se saoula à mort, fouetta sa femme
jusqu'à ce qu'elle s'enfuît et qu'on fût obligé de le
faire interner.

Quand sa femme l'eut vraiment quitté, il ne se
rendit compte qu'à moitié que c'était lui qui l'y avait
poussée. Il en fut également surpris. Il avait vécu avec
l'idée que sa femme était si totalement « bonne, douce,

gentille et innocente » qu'elle ne le quitterait jamais, si méchant qu'il fût et quoi qu'il fît. Il avait gardé en lui et à ses côtés une « mère » qui supportait la torture sans se plaindre, ni le punir, ni l'abandonner. Il avait amalgamé sa « mère » et sa femme. En le quittant, elle montrait qu'*elle* était aussi méchante que lui puisqu'elle ne l'aimait pas inconditionnellement. Il inventa un moyen de se venger définitivement, la solution finale qui lui permettrait à la fois d' « acquitter sa dette » et de lier sa femme à lui pour toujours. Il se tuerait et elle hériterait de son argent. Ainsi, elle ne pourrait jamais plus le quitter parce qu'elle ne pourrait jamais se pardonner.

On pourrait dire que la vie de Brian a été diaboliquement agencée en vue d'effets comiques. Son histoire est exceptionnelle mais c'est justement cela qui nous permet de voir certaines vérités générales sous un jour particulièrement clair.

Il est difficile de prévoir l'identité qu'un homme adoptera. On peut la qualifier de pivotale quand toute la hiérarchie de ses intentions et de ses projets, tous les êtres et tout ce qu'il aime, déteste ou redoute, le sentiment qu'il a de son échec ou de sa réussite tournent autour d'elle. Ce caractère pivotal se révèle quelquefois à l'occasion d'un événement apparemment insignifiant.

Quelque chose se passe qui est incompatible avec cette identité pivotale, peut-être cachée, qui commande, pour cet homme, tout son système de significations. Une cheville est retirée, elle maintenait un monde. Tout le sens de la réalité s'écroule. « Le sol se dérobe sous ses pieds. » L'appartenance au monde, des mots

tels que « contact avec » et « sens de la réalité »
ne sont plus que des sons creux. La crise est vraiment
désespérée. Ou bien l'on restructure l'ensemble des
idées « vraies » qu'on a des autres et du monde et
l'on redéfinit son « vrai » soi ; ou bien on oblitère
le gouffre qui sépare ce qu'il en est de ce qu'on *sait*
qu'il en est, en s'en tenant à ce qu'on *sait*. Il n'y a
rien de plus réel, de plus indubitable que le pur fantasme ; rien de plus évident ; rien qu'il soit moins
nécessaire et plus facile de prouver.

L'identité du soi est l'histoire qu'on se raconte sur
ce qu'on est. Il semble que le besoin qu'on éprouve
de croire à cette histoire soit souvent le désir d'en
abolir une autre, plus primitive et plus terrible. Le
besoin de faire pivoter sa vie autour d'une identité
complémentaire (par exemple : je suis le fils de mon
père, le mari de ma femme) trahit la peur du fantasme et la haine de ce qui est.

Jésus parlait de quitter ses parents. Voulait-il dire,
entre autres, qu'il est peu sage de s'accrocher, pour
se sentir enfin à l'abri, à *leur* système de références,
que ce n'est pas ainsi qu'on se trouve soi-même ?

Que sa mère l'eût abandonné de façon si soudaine
et inexplicable se traduisait, pour Brian, en ces termes : c'est *parce que* je suis méchant. Etre méchant
fut son credo. Il ne vécut que pour cela. Ce fut le roc
sur lequel il construisit sa vie. « Puisque je suis méchant, il ne me reste qu'à *être* méchant. » A l'âge
de huit ans, il fortifia cette haine et ce mépris dia-
boliques en paraissant bon, doux, gentil, innocent et
capable. Etre méchant en ayant l'air bon n'était qu'une
révolution de plus autour du pôle de sa vie. Le pivot
central restait inchangé. Il « savait » qu'il n'était *pas*

leur enfant. Il « savait » qu'il était foncièrement mauvais. Il « savait » qu'ils ne savaient pas qu'il « savait » la vérité. Il avait continué à se baser là-dessus. Les paroles de sa sœur : « Tu ne savais donc pas que Jack était ton père ? » eurent pour effet de retirer la cheville qui maintenait son monde en place. Quand sa désillusion illusoire se fut effondrée, aspiré par un tourbillon qui l'entraînait dans le vide, il se raccrocha à ce fétu : « Je suis mauvais. » Puis : « Je l'avais oublié pendant quelque temps mais je vais me rattraper. »

Dans le fantasme, l'identité « je suis mauvais » est moins une identité complémentaire qu'une identité par identification introjective, la fusion de lui-même et d'une « mauvaise mère ». Les agressions dirigées contre sa femme impliquaient des agressions « en fantasme » à la fois contre la re-projection de cette « mauvaise mère » et la projection de sa propre « innocence ». Il les *éprouvait* comme des expressions de pure méchanceté dirigées contre la pure bonté. Il était immergé dans le fantasme et, *par conséquent*, ne pouvait le voir en tant que tel. C'était « inconscient ». Tout se confondait en lui, lui-même et sa femme, sa mère entièrement bonne et entièrement mauvaise. Le fait qu'il en était parfaitement inconscient est un signe, selon moi, que, depuis que sa mère l'avait abandonné, il s'était perdu pour ne plus jamais se retrouver, bien qu'il fût tout à fait normal en apparence, jusqu'au moment où cette « illusion », soudain, surgit « Dieu sait d'où ».

Ce sont les autres qui vous disent qui vous êtes. Plus tard, on endosse leurs définitions ou l'on essaie de s'en débarrasser. Il est difficile de ne pas accepter leur version de l'histoire. Il arrive qu'on s'efforce de n'être pas ce qu'on « sait » qu'on est, tout au fond de soi-même. Il arrive qu'on s'efforce d'extirper cette identité « étrangère » dont on a été doté ou à laquelle on a été condamné, et de créer par ses propres actes une identité pour soi-même qu'on s'acharne à faire confirmer par les autres. Toutefois, quelles qu'en soient, par la suite, les vicissitudes, notre première identité sociale nous est conférée. Nous apprenons à être ce qu'on nous dit que nous sommes.

Si l'on ne sait pas qui sont ses vrais parents, ou si l'on apprend un jour que les gens qu'on prenait pour ses « vrais » parents ne le sont pas, le problème se pose de savoir si cette identité vous manque ou si l'on s'estime heureux d'y avoir échappé. Souvent, dans ces cas-là, les gens se sentent contraints de découvrir leurs parents, surtout s'il s'agit de leur mère. Divers mobiles entrent en jeu, notamment la haine et l'esprit de vengeance, mais on a toujours, apparemment, l'idée qu'en constatant son origine biologique, on saura qui l'on est vraiment. Ne serait-ce que par la négative : si l'on ne connaît pas ses parents, on ne peut pas se connaître soi-même. Quelqu'un disait : « Je suis un livre sans commencement... » Et cependant, chercher à savoir qui furent vos parents, bien qu'on puisse parfaitement le comprendre, ne peut, en soi, vous conduire à vous-même.

Le « roman familial » est un rêve de changer les autres qui vous définissent, de manière à ce que *l'identité de soi puisse être définie par soi-même*, en redéfinissant les autres. C'est vouloir être fier plutôt que honteux d'être le fils ou la fille de tel père et de telle mère.

JOHN

John était le fils d'une prostituée et d'un officier de marine. Il vécut avec sa mère jusqu'à l'âge de six ans, puis fut confié à la garde de son père. Il était transplanté dans un monde entièrement différent. Son père, qui n'était pas marié, l'envoya dans une *public school*[1] où il fit de bonnes études, puis, sans que rien pût le faire prévoir, il échoua à son examen d'entrée à l'université. Enrôlé ensuite dans la Marine, il ne réussit pas à devenir officier. Son père, un homme très exigeant, avait été assez contrarié par l'échec de son fils sur le plan universitaire, mais il le fut encore bien davantage en le voyant refusé par le corps des officiers. Il alla même jusqu'à dire qu'il ne croyait pas que le jeune homme fût son fils. Au cours des mois suivants, John, devenu marin, se disqualifia de mille manières. Son père lui dit alors nettement qu'il n'était plus son fils et qu'il savait à présent qu'il ne l'avait jamais été. Il le reniait officiellement.

Pendant les premiers mois qu'il avait passés dans la Marine, John avait été noté comme sujet à des états d'angoisse. La névrose d'angoisse était le motif pour lequel on avait refusé de le nommer officier. Toutefois, sa conduite ultérieure lui valut l'étiquette de délinquant psychopathe, qui ne correspondait pas à ce qui avait été jusque-là son « caractère ». Quand son père le répudia, cette déviation s'aggrava au point de se transformer en ce qu'on appela une psychose maniaque aiguë. Il avait érigé en principe qu'*il pou-*

---

1. Etablissement d'enseignement secondaire. (*N.d.T.*)

vait être qui il voulait par un simple tour de passe-passe.

Son père avait adopté, pour le punir, une méthode qui consistait à détruire son identité de fils. Il avait réussi. Etre « renié », cette épée de Damoclès finalement lui était tombée sur la tête. Au lieu de grandir en se disant : « Je suis le fils de mon père quoi que je fasse et que cela plaise ou non à lui ou à moi », il avait eu le sentiment que : « Je ne serai le fils de mon père que si je réussis à faire certaines choses. » Il lui *fallait prouver* qu'il l'était. Privé de toute autre base solide, il s'appuya sur ce qu'il *nous* plaît d'appeler une *délusion*[1], selon laquelle il pouvait être qui il voulait. Toutefois, le principe de son père ne paraît plus sensé qu'à première vue.

Voici ce que son père lui avait enseigné : « Tu es mon fils si je dis que tu l'es, et tu n'es pas mon fils si je dis que tu ne l'es pas. » Leçon qu'il remplaça par la suivante : « Je suis qui *je* dis que je suis, et je ne suis pas qui *je* dis que je ne suis pas. »

Au moment où il devint fou, il n'avait pas encore tout à fait compris à quel point il était près de la vérité. Mais, dans sa folie, il était un peu plus près de la vérité qu'il ne l'avait été auparavant. Il lui restait à comprendre dans quelle fausse situation son père l'avait placé, situation qui était devenue intenable. Quand il fut capable de se rendre compte qu'il n'était pas ce que son père disait qu'il était ou n'était pas, il cessa de faire semblant de s'en rendre compte en se leurrant lui-même. Il comprit qu'il était en train

1. Voir note de la page 133.

de se tromper lui-même exactement comme son père l'avait trompé.

L'erreur qui avait donné lieu à sa psychose était enracinée dans des convictions prépsychotiques. Il semble que sa psychose fut moins une *reductio ad absurdum* de ces convictions qu'un tour de passe-passe pratiqué sur l'absurdité existante, à savoir qu'il était ce que son père disait qu'il était. Il nia la chose en se disant : « Non, je suis qui je dis que je suis. » La vraie santé d'esprit est à l'opposé : dans la négation de la négation psychotique de la fausse prémisse originale. Je ne suis pas ce qu'on dit que je suis, ni ce que je dis que je suis.

Binswanger dit que la manie est une tricherie. En un sens, c'est un double jeu. On vous a escroqué votre héritage en vous disant que vous êtes un mendiant, alors vous vous dupez en sens contraire, en prétendant qu'en réalité vous n'êtes pas un mendiant mais un prince. Heureusement, les autres ne le croient pas non plus.

CHAPITRE VII

Confirmation et infirmation

A tous les niveaux de la société humaine, les gens, en pratique, se confirment dans une certaine mesure les uns les autres dans leurs qualités et capacités personnelles, et une société peut être qualifiée d'humaine pour autant que ses membres se confirment mutuellement.

La vie de l'homme avec l'homme a une base double et unique — le désir qu'a tout homme d'être confirmé par les hommes pour ce qu'il est, même pour ce qu'il peut devenir ; et la capacité innée en l'homme de confirmer ses semblables de cette manière. Que cette capacité soit à tel point en friche, telle est la vraie faiblesse qui met en cause le genre humain : la vraie humanité n'existe que là où cette capacité se déploie librement. D'autre part, évidemment, une vaine exigence de confirmation, sans la ferveur d'être et de devenir, abîme sans trêve la vérité de la vie entre l'homme et l'homme.

Les hommes ont besoin, et cela leur est donné, de se confirmer l'un l'autre dans leur être individuel grâce à de vraies rencontres : de plus, ils ont besoin, et cela leur est donné, de voir la vérité, que l'âme obtient par sa lutte, éclairer les autres, les frères, d'une manière différente, et, même ainsi, être confirmée (*Martin Buber, 1957 a*).

Qu'un homme en confirme totalement un autre est une possibilité idéale qui se réalise rarement. Comme le dit Buber, à des fins pratiques, la confirmation existe toujours « dans une certaine mesure ». Toute interaction humaine implique un certain degré de confirmation, ne serait-ce que dans le domaine des corps, et même quand un homme fait feu sur son semblable. Le moindre signe de reconnaissance de la part de quelqu'un d'autre confirme au moins votre présence dans *son* monde. « L'on ne saurait inventer, écrivit William James, de châtiment plus infernal, même si pareille chose était matériellement possible, que d'être lâché dans la société et d'y rester complètement inaperçu de tous ses membres. »

La confirmation peut donc être, pour nous, partielle et de nature variable aussi bien que globale et absolue. Les actions et les séries d'interactions peuvent représenter pour nous, plus ou moins et de diverses manières, une *confirmation* ou une *infirmation*. La confirmation peut varier en intensité et en extension, en qualité et en quantité. Une réaction « tiède », impassible, tangentielle, etc., vous empêche de reconnaître certains aspects de l'autre, alors que vous en reconnaissez d'autres aspects.

Les modes de confirmation ou d'infirmation varient. La confirmation peut être le fait d'un sourire bienveillant (visuelle), d'une poignée de mains (tactile), d'une expression de sympathie (auditive). Une réponse confirmative est *en rapport* avec l'acte évocateur, elle en constitue une reconnaissance et accepte ce qu'il signifie pour celui qui évoque, sinon pour celui qui répond. Une réaction confirmative est une réponse directe, elle est « à propos », ou « sur la même longueur d'onde » que l'acte qui institue ou qui évoque. Une réponse partiellement confirmative n'a pas besoin de marquer un accord, d'être agréable, ou satisfaisante.

Le rejet peut être une confirmation s'il est direct, non tangentiel, s'il reconnaît l'action évocatrice, admet qu'elle a un sens et une validité.

La confirmation et l'infirmation ont lieu sur plusieurs plans. Un acte peut être confirmé sur un certain plan et infirmé sur un autre. Certaines formes de « rejet » impliquent une reconnaissance limitée — la perception de ce qui est rejeté, à quoi l'on est sensible. Une action « rejetée » est perçue, et cette perception montre qu'on l'accepte en tant que fait. Le « rejet » direct n'est pas tangentiel ; il n'est pas moqueur ni, d'aucune manière, négateur. Il n'a besoin ni de déprécier ni d'exagérer l'action initiale. Il n'est pas synonyme d'indifférence ou d'impassibilité.

Certaines zones de l'être peuvent, chez une personne, avoir un besoin plus pressant d'être confirmées que d'autres. Certaines formes d'infirmation plus que d'autres, parfois, contribuent à entraver le développement de soi. On peut les qualifier de schizogéniques. C'est à peine si l'on a commencé d'étudier l'ontogenèse de la confirmation et de l'infirmation. La réaction chaleureuse qui convient au nourrisson sera déplacée à l'égard d'un enfant ou d'un adulte. A certains moments de la vie de chacun, l'expérience de la confirmation ou de l'infirmation est plus forte qu'à d'autres. Les qualités et capacités confirmées ou infirmées par la mère ou par le père, les frères, les sœurs, les amis, diffèrent parfois du tout au tout. Un aspect de soi nié par une personne peut être accepté par une autre. Une partie ou un aspect de soi qui est « faux », ou que l'on considère comme faux, peut être confirmé activement et obstinément par l'un des parents ou par les deux, ou même simultanément par toutes les autres personnes qui comptent. A différentes périodes de la vie, le besoin pratique ou ressenti, ainsi que les modes de confirmation ou d'infirmation varient tant selon les aspects de l'être de la personne en question que selon les manières de confirmer ou d'infirmer certains aspects particuliers.

Jusqu'à présent, de nombreuses familles ont été étudiées (et il ne s'agit pas seulement de celles où une personne en est venue à passer pour psychotique), où la confirmation sincère existe à peine entre les parents et, pour l'enfant, de la part de ceux-ci, ensemble ou séparément, mais, bien qu'on puisse étudier la chose objectivement, elle n'est pas toujours manifeste. On y trouve des interactions marquées par la pseudo-confirmation, par des actes qui se donnent pour une confirmation mais ne sont que des simulacres[1]. Affecter la confirmation prend l'apparence de la confirmation. L'absence de confirmation sincère, ou pseudo-confirmation, revient parfois à confirmer une fiction qui est prise pour l'enfant, sans que le véritable enfant soit reconnu. Le schème familial classique, tel qu'il se dégage de l'étude des familles de schizophrènes, ne comporte pas seulement un enfant victime de négligence caractérisée ou de traumatismes évidents, mais un enfant qui a été l'objet d'une infirmation subtile mais persistante, généralement sans qu'on s'en doute. Pendant de nombreuses années, l'absence de confirmation authentique revient à confirmer activement un faux soi, si bien que la personne dont le faux soi est confirmé et le vrai soi infirmé est placée dans une situation fausse. Lors-

---

1. Voir Wynne et coll. (1958).

qu'on est dans une fausse situation, on *se sent coupable, honteux ou angoissé de n'être pas faux.* La confirmation d'un faux soi se poursuit sans que personne, dans la famille, s'aperçoive de cet état de choses. Il semble que le potentiel schizogénique de la situation réside surtout dans le fait qu'elle n'est reconnue par personne ; ou bien, si la mère, ou le père, ou quelque autre membre de la famille s'en rend compte, on ne tire pas l'affaire au clair et l'on ne fait aucun effort pour intervenir — ne serait-ce qu'en constatant la vérité.

Examinons à présent quelques actes de confirmation ou d'infirmation sans préjuger si ou dans quelle mesure ils sont schizogéniques.

Il arrive que l'on n'ait pas su reconnaître une personne en tant qu'agent. Attribuer aux êtres humains la capacité d'agir est une façon, pour nous, de distinguer les gens des choses mues par des agents qui leur sont extérieurs. Pour certains enfants, cette faculté proprement humaine, qui donne le sentiment d'agir en son propre nom, n'est pas confirmée par ceux qui comptent initialement. Il est très éclairant de comparer les observations sur la manière dont un enfant est traité par ses parents avec les « délusions » qu'exprime l'enfant ou l'adulte psychotique.

Julie disait qu'elle était une poupée de son (qu'on sonne) et qu'elle était bien moulue (moulée) [1]. Quand on avait l'occasion d'observer ce qui se passait entre

---

1. On ne peut procéder que par approximations pour essayer de rendre le jeu de mots anglais fondé sur les assonances : « *tolled bell* » (*told belle*) et « *tailored bread* » (*bred*), qui renvoient à la passivité de la jeune fille et à son état de dépendance. (N.d.T.)

sa mère et elle, on se rendait compte que sa mère
ne voulait ou ne pouvait pas confirmer la capacité
d'agir de Julie. La mère était incapable de répondre
à la spontanéité, et il ne pouvait y avoir d'*inter*action
entre elles que si elle, la mère, en prenait l'initiative.
Sa mère allait la voir chaque jour à l'hôpital. On
voyait quotidiennement Julie assise et passive, tandis
que sa mère lui peignait les cheveux, y piquait des
épingles et des rubans, lui poudrait le visage, lui
mettait du rouge aux lèvres et du mascara aux yeux,
si bien que l'ouvrage, une fois terminé, ne ressemblait
à rien tant qu'à une belle poupée sans vie, gran-
deur nature, à qui sa mère donnait le son (le ton).
Il semble que Julie ait été pour sa mère l' « objet
transitionnel » dont parle Winnicott. On pourrait
objecter : « Comment sa mère pouvait-elle agir autrement, puisque sa fille était catatonique ? » Il est
significatif et remarquable que ce fût justement *cette*
« chose » passive et indifférente que la mère considérait
comme normale. Elle réagissait à la spontanéité de
Julie avec angoisse et en la qualifiant de méchante ou
de folle. Etre gentille consistait à faire ce qu'on lui
disait (Laing, 1960, p. 196-224).

AUTRES EXEMPLES DE CONFIRMATION
ET D'INFIRMATION

1. L'observation directe des rapports entre un
enfant de six mois et sa mère permit de noter les
occasions où apparaissait le sourire. L'on observa, en
premier lieu, que le nourrisson et la mère se souriaient
assez souvent. L'on remarqua ensuite que la mère,

au cours des périodes d'observation, ne répondit pas une seule fois par un sourire quand l'enfant souriait le premier. Toutefois, elle provoquait un sourire chez l'enfant en souriant elle-même, en chatouillant l'enfant et en jouant avec lui. Quand c'était elle qui provoquait les sourires de l'enfant, elle répondait par un sourire mais son expression devenait morne et indifférente si l'enfant prenait l'initiative (cf. Brodey, 1959).

2. Un petit garçon de cinq ans arrive en courant près de sa mère, il tient à la main un gros ver de terre et dit : « Maman, regarde le beau gros ver que j'ai attrapé. » Elle répond : « Tu es dégoûtant. Va te laver tout de suite. » La réaction de la mère à l'égard de l'enfant est un exemple de ce que Ruesch (1958) appelle une *réaction tangentielle*.

Voici ce qu'il écrit :

Les critères qui caractérisent les réactions tangentielles peuvent être résumés comme suit :
La réponse ne correspond pas exactement à la déclaration initiale.
La réponse a un effet frustrant.
La réponse ne recoupe pas l'intention de la déclaration originale, telle qu'elle se dégage des paroles, des actes et du contexte de la situation. La réponse souligne un aspect accessoire de cette déclaration (*Ruesch*, op. cit., *p. 37-48*).

Du point de vue du sentiment qu'éprouve l'enfant, la réaction de la mère est, en quelque sorte, tangentielle. Elle ne dit pas : « Oh oui, quel joli ver. » Elle ne dit pas : « Quel ignoble ver — tu ne dois pas toucher les vers comme ça ; jette-le. » Elle n'exprime ni plaisir ni horreur, ni qu'elle approuve ou désapprouve le ver, mais elle réagit en attirant l'attention sur une chose à laquelle il n'a pas songé et qui n'a aucune importance immédiate à ses yeux, à savoir s'il est propre ou sale. Elle pourrait dire aussi : « Je n'ai aucune envie de regarder ce ver avant que tu sois propre », ou : « Cela m'est bien égal que tu aies trouvé un ver ou non, tout ce qui compte pour moi, c'est si tu es propre ou sale, et je ne t'aime que quand tu es propre. » Du point de vue du développement de l'enfant, on peut considérer que la mère ignore le plan génital symbolisé par le grand et gros ver et ne reconnaît que l'aspect anal du propre et du sale.

Cette réaction tangentielle montre l'incapacité de souscrire à ce que *fait* l'enfant de son point de vue, à savoir montrer un ver à sa maman. « Garçon avec ver » est une identité qui pourrait faciliter plus tard l'identité « homme avec pénis ». L'absence persistante d'une réponse confirmative au garçon-avec-ver pourrait inciter l'enfant à emprunter des chemins détournés avant de parvenir à être un homme avec un pénis. Il déciderait, par exemple, de collectionner les vers. Il pourrait se dire qu'il n'a le droit de ramasser des vers que s'il reste lui-même très propre. Il pourrait se dire qu'il est libre de ramasser des vers pourvu que sa mère n'en sache rien. Il pourrait se dire que ce qui compte le plus, c'est d'être propre et d'avoir l'approbation de sa mère, et que ramasser des vers n'a aucune importance. Il pourrait contracter une phobie des vers. En tout cas l'on imagine que, bien que sa mère n'ait pas ouvertement désapprouvé le fait qu'il soit possesseur d'un ver, son indifférence à cet égard est susceptible de provoquer en lui, ne serait-ce que passagèrement, la confusion, l'angoisse et un sentiment coupable, et que si ce type de réaction résume ses échanges avec sa mère à ce stade de son développement, il lui sera d'autant plus difficile d'avoir, par la suite, libre de toute contrainte, culpabilité, angoisse ou méfiance, un sens réel des multiples façons d'être « garçon-avec-ver » et « homme-avec-pénis ».

De plus, puisque sa mère le perçoit en fonction des problèmes propre-sale, bon-méchant, qu'elle met en équations, propre = bon, sale = méchant, il devra décider, à un certain moment, si ce sont là pour lui les problèmes majeurs et les équations nécessaires. S'il est sale, il pourra se dire que même si sa mère lui a dit qu'il était méchant, il ne se sent pas méchant ; et, inversement, que s'il est propre, il n'est pas forcément bon : qu'il pourrait fort bien être bon quoique sale, ou méchant bien que propre. Ou même ne plus passer son temps à élucider le mystère du bon-sale-méchant-propre. Il se peut qu'il en vienne à s'identifier, grâce à ces problèmes et à ces équations, de manière à devenir un garçon et un homme bon-propre ou méchant-sale, et à juger accessoires par rapport à ses vraies préoccupations tous les aspects de sa vie qui n'entrent pas dans ces catégories.

3. Je commençai une séance avec une schizophrène de vingt-cinq ans, qui s'assit dans un fauteuil à quelque distance de moi, également assis dans un fauteuil et tourné de trois quarts par rapport à elle. Au bout d'une dizaine de minutes au cours desquelles elle n'avait ni parlé ni bougé, mon attention se relâcha et je me mis à songer à mes soucis personnels. Absorbé par ces pensées, je l'entendis qui disait d'une toute

petite voix : « Oh, je vous en prie, ne vous en allez pas si loin de moi. »

La psychothérapie des schizophrènes vraiment doués est un sujet à part, mais voici quelques remarques concernant la confirmation et l'infirmation en psychothérapie.

Quand elle fit cette réflexion, j'aurais pu réagir de diverses manières. Certains psychothérapeutes auraient pu faire le commentaire suivant : « Vous sentez que je suis loin de vous. » En disant cela, on ne confirmerait pas plus qu'on n'infirmerait le bien-fondé de son « sentiment » que je n'étais plus « avec » elle, mais on confirmerait le fait qu'elle me sentait loin d'elle. Le fait d'enregistrer le « sentiment » ne porte pas de jugement sur la validité du sentiment, à savoir si oui ou non *moi* je m'éloigne effectivement d'elle. On pourrait interpréter sa peur que je ne reste pas « avec » elle, par exemple comme un besoin de m'avoir « avec » elle qui serait une défense contre sa propre colère au cas où je ne le serais pas. On pourrait expliquer sa prière comme l'expression d'un besoin qu'elle aurait de remplir sa vacuité de ma présence, ou de me traiter comme un « objet transitionnel », et ainsi de suite.

Selon moi, ce que j'avais de plus important à faire à ce moment-là, c'était de confirmer le fait qu'elle avait correctement enregistré *mon* retrait effectif de ma « présence ». De nombreux patients sont très sensibles à l'abandon mais ne sont pas sûrs de pouvoir se fier à leur sensibilité, bien moins encore de la validité de celle-ci. Ils ne font pas confiance aux autres et ne peuvent pas davantage se fier à leur propre méfiance. Ainsi Jill se tourmente de ne pas

savoir si elle « sent » simplement que Jack est préoc-
cupé et indifférent, tout en faisant semblant d'être
très attentif, ou si elle peut se « fier » à ce que ses
sentiments reflètent l'état réel de leurs relations. C'est
pourquoi l'une des questions les plus importantes
est de savoir si cette méfiance à l'égard de ses « sentiments » et du témoignage des autres provient de
contradictions persistantes, au sein d'un nexus initial,
entre les certitudes que lui apportent ses attributions
empathiques aux autres, l'expérience qu'elle a d'elle-
même, le témoignage des autres concernant leurs
sentiments, et la façon dont ils interprètent l'expérience qu'elle a d'eux ainsi que ses intentions à leur
égard, etc., si bien qu'elle n'est jamais arrivée à avoir
confiance en elle à aucun point de vue.

C'est pourquoi, tout ce que j'ai pu répondre à ma
cliente, c'est : « Je suis désolé. »

4. Une infirmière fut engagée pour s'occuper d'une
schizophrène hébéphrène, légèrement catatonique. Peu
après qu'elles eurent fait connaissance, l'infirmière
offrit à la patiente une tasse de thé. Cette psychotique
chronique dit en prenant la tasse : « C'est la première
fois de ma vie que quelqu'un m'a donné une tasse
de thé. » L'expérience ultérieure avec cette patiente
tendit à confirmer la simple vérité de cette déclaration[1].

Il n'est pas si facile, pour quelqu'un, de donner
à quelqu'un d'autre une tasse de thé. Si une dame
m'offre une tasse de thé, peut-être veut-elle faire

---

1. Cette anecdote m'a été contée par le Dr Charles Rycroft.

étalage de sa théière ou de son service, peut-être essaie-t-elle de me mettre de bonne humeur pour obtenir quelque chose de moi ; peut-être cherche-t-elle à me plaire ; elle pourrait vouloir faire de moi un allié pour servir ses desseins contre d'autres personnes. Peut-être verse-t-elle simplement du thé dans une tasse, et tend la main tenant la soucoupe où est posée la tasse, sur quoi je suis censé les attraper dans les deux secondes précédant l'instant où elles deviendraient un poids mort. Ce pourrait être un geste purement machinal, qui ne comporterait aucune façon de *me* reconnaître. Une tasse de thé pourrait m'être offerte sans qu'on me *donne* à *moi* une *tasse* de *thé*.

Dans notre cérémonial du thé, c'est la chose la plus simple et la plus difficile qu'*une personne,* tout en restant vraiment lui-même ou elle-même, *donne,* en fait et pas seulement en apparence, à *une autre personne* reconnue par le donateur en tant qu'être propre, *une tasse de thé* vraiment, et non pas en apparence. Cette malade disait qu'au cours de son existence, de nombreuses tasses de thé étaient passées d'autres mains dans les siennes, mais que malgré cela, jamais, dans sa vie, on ne lui avait vraiment donné une tasse de thé.

Certaines personnes sont plus sensibles que d'autres au fait de n'être pas reconnues en tant qu'êtres humains. Si quelqu'un est *très* sensible à ce point de vue, il a de bonnes chances d'être classé parmi les schizophrènes. Freud disait des hystériques, comme Fromm-Reichmann le dira plus tard des schizophrènes, qu'ils avaient besoin à la fois de donner et de recevoir plus d'amour que la plupart des gens. On pourrait inverser la phrase. Si vous avez besoin de donner et de recevoir *trop* d' « amour[1] », vous courez un grand risque de vous voir appliquer le diagnostic de schizophrénie. Ce diagnostic vous attribue l'incapacité, en gros, de donner ou de recevoir l' « amour » comme il sied à un adulte. Si vous souriez à cette idée, cela pourrait confirmer le diagnostic, car vous souffririez alors d' « affectivité inadaptée ».

1. Quel que soit le sens qu'on donne au mot « amour ».

CHAPITRE VIII

La collusion

Le terme *collusion* est apparenté à *dé-lusion*[1], *il-lusion* et *é-lusion*. *Lusion* vient du verbe *ludere* dont le sens varie en latin classique ou vulgaire. Il peut signifier jouer, jouer à ou se jouer de, se moquer de, tromper. Délusion implique qu'on se trompe complètement soi-même. Illusion, qu'on emploie fréquemment en psychanalyse, dénote une capacité de se tromper soi-même sous l'effet d'un désir intense, mais n'entraîne pas une autoduperie aussi totale que délusion.

Collusion éveille à la fois la résonance de jeu et celle de tromperie. C'est un « jeu » auquel jouent deux ou plusieurs personnes qui se trompent elles-mêmes. Ce jeu *est* le jeu de l'autoduperie mutuelle. Alors que la délusion, l'élusion et l'illusion peuvent être le fait d'une seule personne, la collusion est nécessairement un jeu-à-deux-ou-plusieurs personnes. Chacun joue le jeu de l'autre sans, pour cela, en être

1. Le mot anglais *delusion* n'ayant pas d'équivalent français satisfaisant qui le distingue du mot *illusion*, nous avons préféré l'adopter dans une transcription française, ainsi que le mot *élusion* (substantif dérivé du verbe *éluder*). (N.d.T.)

forcément tout à fait conscient. L'un des traits essentiels de ce jeu consiste à ne pas avouer que c'en est
un. Quand l'un des participants est principalement
la « victime » passive (on peut devenir une victime
parce qu'on ne joue pas à la « victime ») d'une ruse,
d'une manœuvre, ou d'une machination, la relation
ne peut être qualifiée de collusion. En pratique, il
sera difficile de déterminer si et dans quelle mesure
une relation est collusoire. Il n'est cependant pas
négligeable d'établir la distinction en théorie. Un
esclave peut être en collusion avec son maître, accep-
tant l'esclavage afin de sauver sa vie, au point même
d'exécuter des ordres entraînant sa propre destruction.

Deux personnes peuvent, dans leurs relations, se
confirmer ou se compléter vraiment l'une l'autre. Il
est toutefois difficile de se découvrir à l'autre si l'on
n'a pas confiance en soi et si l'on ne se fie pas à
l'autre. Chaque personne souhaite être confirmée par
l'autre, mais est prise entre la confiance et la méfiance,
l'assurance et le désespoir, si bien qu'elles se mettent
d'accord sur de faux actes de confirmation fondés
sur un simulacre. Pour que la chose réussisse, il faut
que *toutes les deux* jouent le jeu de la collusion.

Buber (1957 *b*) nous demande

... d'imaginer deux hommes dont la vie est dominée par les
apparences, assis en train de bavarder. Appelons-les Pierre
[*p*] et Paul [*o*] [1]. Dressons la liste des diverses configura-
tions qui en résultent. Premièrement, il y a Pierre tel qu'il
souhaite apparaître à Paul [$p \rightarrow (o \rightarrow p)$] et Paul tel qu'il
souhaite apparaître à Pierre [$o \rightarrow (p \rightarrow o)$]. Ensuite, il y
a Pierre tel qu'il apparaît réellement à Paul, autrement dit
l'image que Paul se fait de Pierre [$o \rightarrow p : p \rightarrow (o \rightarrow p)$],

1. La notation entre crochets est de moi (voir Appendice).

qui, généralement, ne correspond en rien à ce que Pierre voudrait que Paul voie ; et semblablement, il y a la situation inverse $[p \rightarrow o : o \rightarrow (p \rightarrow o)]$. Ensuite, il y a Pierre tel qu'il se voit $[p \rightarrow p]$ et Paul tel qu'il se voit $[o \rightarrow o]$. Enfin, il y a Pierre en chair et en os et Paul en chair et en os, deux êtres vivants, plus six apparitions qui interviennent de diverses manières dans leur conversation. Où y a-t-il place pour une vie authentique entre humains ?

Considérons cette relation comme un jeu consistant à simuler une relation. Pierre, ou Paul, peut essayer d'établir une identité pour lui-même en acquérant une identité particulière pour l'autre. Pierre juge nécessaire que Paul le voie sous un certain jour, afin que lui, Pierre, sente qu'il est la personne qu'il veut être. Pierre a besoin que Paul soit une certaine personne afin que Pierre soit la personne qu'il désire être. Pour que Pierre se sente vu sous ce jour, il faut que Paul le voie sous ce jour. Si Pierre a besoin d'être apprécié, il faut que Paul soit vu l'appréciant. Si Paul est vu ne l'appréciant pas, Pierre a des raisons de conclure que Paul n'en est pas capable. Si Pierre a besoin d'être généreux, il faut que Paul accepte la générosité de Pierre. Si Paul, au lieu d'être reconnaissant à Pierre de ce que Pierre lui donne, dit que Pierre veut simplement montrer sa supériorité en étant une personne capable de donner, ou qu'il essaie de faire du chantage en obligeant Paul à lui être reconnaissant, il se peut que Pierre rompe avec Paul ou découvre que Paul a des difficultés à accepter qu'on lui vienne en aide. Il se peut que Pierre soit vu par Paul, ou Paul par Pierre, d'une manière plus vraie que celle dont chacun d'eux peut se voir lui-même. Le besoin de ces apparences naît des fantasmes de chacun. Le besoin d'apparences implique non pas qu'ils dissimulent tous deux leur « vrai » soi qu'ils connaissent secrètement, mais que Pierre n'est arrivé à réaliser vraiment ni lui-même ni Paul, pas plus que Paul n'est arrivé à réaliser vraiment ni lui-même ni Pierre.

Il y a de multiples façons de réagir, relativement peu étudiées jusqu'à présent de façon systématique par la psychologie des relations humaines, au fait d'être vu par autrui autrement qu'on se voit soi-même. Quand il y a disjonction entre l'identité-pour-soi de Pierre, $p \rightarrow p$, et son identité-pour-Paul, $o \rightarrow p$, on ne s'étonnera pas de voir Pierre réagir par la colère, l'angoisse, le sentiment de culpabilité, le désespoir, l'indifférence. Une disjonction de cet ordre entretient un certain type de relations. On dirait presque qu'elle est le ciment qui lie entre elles certaines personnes. Dans cette servitude, c'est ce « problème » qu'elles ne peuvent s'empêcher de discuter indéfiniment. En revanche, dans le même cas, certaines personnes renoncent à la relation.

Ce problème touche à la situation où il y a incompatibilité entre le « complément » que Pierre voudrait être pour Paul et le « complément » que Paul voudrait être pour Pierre. Un homme souhaite que sa femme le « dorlote », alors qu'elle souhaite que lui la dorlote. Leurs désirs ne « collent » pas plus qu'ils ne se rejoignent. Ils se haïssent ou se méprisent l'un l'autre, ou tolèrent chacun la faiblesse de l'autre, ou reconnaissent le besoin de l'autre sans le satisfaire. Toutefois, si Jack s'obstine à considérer Jill comme sa mère et à se conduire à son égard comme si elle l'était, sans tenir compte de ce qu'elle-même a le sentiment d'être une petite fille en rapport avec sa mère, la disjonction entre l'idée qu'il se fait d'elle et l'expérience qu'elle a d'elle-même peut ouvrir un abîme d'incompatibilité qu'aucune collusion ne saurait combler.

Nous avons affaire ici à autre chose que ce qu'on désigne par le terme psychanalytique de « projection ». Il ne s'agit pas, pour l'un des partenaires, de se servir de l'autre comme d'un crochet pour y suspendre des projections. Il s'efforce de trouver en l'autre, ou d'inciter l'autre à devenir l'*incarnation* même de la projection. La collusion de l'autre est requise pour « compléter » l'identité que le soi se sent forcé de maintenir. On éprouve parfois une forme singulière de culpabilité, spécifique, à mon sens, de cette disjonction. Si l'on refuse la collusion, l'on se sent coupable de n'être pas ou de ne pas devenir l'incarnation du complément d'identité réclamé par l'autre. Cependant, si l'on *succombe,* si l'on se laisse séduire, peu à peu devenu étranger à soi-même on se rend coupable de trahison envers soi.

Si l'on n'est pas saisi d'effroi en se sentant ainsi englouti par l'autre, si l'on ne s'irrite pas d'être « utilisé », si l'on ne se révolte pas en quelque manière contre la collusion, alors sous la pression d'une fausse culpabilité, on peut avoir l'impression de devenir le complice ou la victime involontaire de l'autre, bien qu'être « la victime » soit aussi, parfois, un acte de collusion. Mais l'autre peut amener le soi à assumer ce faux soi que le soi a une folle envie d'être et qu'il n'est peut-être que trop heureux d'incarner, surtout si l'autre le paie de retour en incarnant une fiction que le soi désire. Laissons provisoirement de côté l'examen

détaillé des formes et techniques de prière ou de
contrainte, franches ou dissimulées, conséquentes ou
incompatibles, qu'une personne peut infliger à une
autre, et les manières très différentes dont l'autre peut
les ressentir ou y réagir.

La collusion se déclenche toujours quand le soi
trouve en autrui cet autre qui le « confirmera » dans
le faux soi que le soi s'efforce de rendre vrai, et
vice versa. Le terrain est alors préparé pour qu'indéfiniment on se soustraie mutuellement à la vérité
et au véritable accomplissement. Chacun a trouvé
un autre pour sanctionner la fausse idée qu'il se fait
de lui-même et donner à cette apparence un semblant
de réalité.

La présence d'un tiers est toujours un danger pour
une collusion à deux. Avec une précision géométrique
qui fait songer à Spinoza, le *Huis clos* de Sartre (1947)
décrit une ronde infernale de couples collusoires
formant des triades impossibles. *Huis clos* révèle le
supplice que subit celui qui n'arrive pas à maintenir
son identité quand sa vie est conçue de telle manière
que l'identité-du-soi, pour être supportable, exige la
collusion. Trois morts, un homme et deux femmes,
sont réunis dans une pièce. L'homme est un lâche ;
l'une des femmes est une garce hétérosexuelle, l'autre
est intelligente et lesbienne. L'homme a peur d'être
un lâche et que les autres hommes ne le respectent
pas. L'hétérosexuelle craint de ne pas plaire aux
hommes. La lesbienne redoute que les femmes ne
soient pas attirées par elle. L'homme a besoin d'un
autre homme ou, à la rigueur, d'une femme intelligente qui le considère comme quelqu'un de courageux, de manière à pouvoir se faire accroire qu'il

l'est. Il est tout prêt à être, dans la mesure du possible, ce que chacune des deux femmes veut qu'il soit, pourvu qu'elles acceptent la collusion en lui disant qu'il est courageux. Cependant la première ne peut voir en lui qu'un objet sexuel. Il ne peut donner à la lesbienne rien de ce qu'elle désire si ce n'est sa propre qualité de lâche, car c'est sous cet aspect qu'il lui faut voir les hommes pour se justifier. Les deux femmes ne peuvent établir de collusion stable avec personne, la lesbienne parce qu'elle se trouve avec un homme et une femme hétérosexuelle, l'hétérosexuelle parce qu'elle ne peut pas *être* une femme hétérosexuelle sans « signifier » quelque chose pour un homme. Mais cela n'intéresse pas cet homme-là. Aucun d'eux ne peut maintenir sa « mauvaise foi » sans collusion avec un autre, chacun reste tourmenté, assiégé par l'angoisse et le désespoir. Dans cette situation, « *l'enfer, c'est les autres* ».

Dans sa pièce *Le Balcon*, Genet a traité le thème des relations truquées fondées sur les conjonctions collusoires et complémentaires de l'identité-pour-soi et de l'identité-pour-autrui. La majeure partie de la pièce se déroule dans un bordel. Les filles y sont présentées comme des pro-stituées, au sens littéral du terme. Elles tiennent lieu de (*pro-stare*) tout ce que le client exige qu'elles soient, de manière à ce qu'il puisse devenir, pendant un moment, celui qu'il voudrait être. Trois de ces identités qui requièrent la collusion des prostituées sont les personnages de l'Evêque, du Juge, du Général. L'Evêque a besoin d'une pénitente à condamner et d'un bourreau pour exécuter ses ordres ; le Juge, d'une voleuse ; le Général, de sa jument.

Comme le juge l'explique à la fille qui doit être une voleuse pour qu'il soit un juge : « ... il faut que tu sois une voleuse modèle, si tu veux que je sois un juge modèle. Fausse voleuse, je deviens un faux juge. C'est clair ? » (p. 49).

Il dit au bourreau : « ... sans toi je ne serais rien... » Puis, à la voleuse : « Sans toi non plus, petite. Vous êtes mes deux compléments parfaits... Ah le joli trio que nous formons ! » (p. 52).

A la voleuse (p. 52-53) :

> LE JUGE : Mais toi, tu as un privilège sur lui, sur moi aussi d'ailleurs, celui de l'antériorité. Mon être de juge est une émanation de ton être de voleuse. Il suffirait que tu refuses... mais ne t'en avise pas !... que tu refuses d'être qui tu es — ce que tu es, donc qui tu es — pour que je cesse d'être... et que je disparaisse, évaporé. Crevé. Volatilisé. Nié. D'où : le Bien issu du... Mais alors ? Mais alors ? Mais tu ne refuseras pas, n'est-ce pas ? Tu ne refuseras pas d'être une voleuse ? Ce serait mal. Ce serait criminel. Tu me priverais d'être ! (*Implorant :*) Dis, mon petit, mon amour, tu ne refuseras pas ?
>
> LA VOLEUSE (*coquette*) : Qui sait ?
>
> LE JUGE : Comment ? Qu'est-ce que tu dis ? Tu me refuserais ? Dis-moi où ? Et dis-moi encore ce que tu as volé ?
>
> LA VOLEUSE (*sèche et se relevant*) : Non.
>
> LE JUGE : Dis-moi où ? Ne sois pas cruelle...
>
> LA VOLEUSE : Ne me tutoyez pas, voulez-vous ?
>
> LE JUGE : Mademoiselle... Madame. Je vous en prie. (*Il se jette à genoux.*) Voyez, je vous en supplie ? Ne me laissez pas dans une pareille posture, attendant d'être juge ? S'il n'y avait pas de juge, où irions-nous, mais s'il n'y avait pas de voleurs ?

Les gens se servent du bordel pour transformer ce qui, séparément, ne pourrait être qu'une *identité illu-*

soire ou *délusoire* en une *identité collusoire.* La patronne dresse la liste des « identités » pour lesquelles
les clients fréquentent le bordel.

> ... il y a deux rois de France, avec cérémonies du
> sacre et rituels différents, un amiral sombrant à la poupe de
> son torpilleur, un dey d'Alger capitulant, un pompier étei-
> gnant un incendie, une chèvre attachée au piquet, une
> ménagère revenant du marché, un voleur à la tire, un volé
> attaché et roué de coups, un saint Sébastien, un fermier dans
> sa grange... pas de préfet de police... ni d'administrateur
> des colonies, mais un missionnaire mourant sur la croix, et
> le Christ en personne (*p. 84*).

Une seule personne ne va pas au bordel pour
devenir quelqu'un d'autre : le Chef de la Police.
L'accomplissement de sa vie serait, pour lui, qu'un
autre veuille assumer *son* identité, devenir le Chef
de la Police. Il souffre de ce que personne ne veuille
jouer à être lui parce que, dans l'histoire du bordel,
son identité est la seule pour laquelle il n'y ait pas
eu de client. Tous les êtres humains sont ses compléments. Cela ne le satisfait plus. Il est le seul qui ne
souhaite pas assumer l'identité d'un autre. Il ne sera
comblé et, dès lors, prêt à mourir, que quand quelqu'un d'autre s'identifiera à lui.

Le bordel est menacé par la révolution. La révolution pour mettre fin à l'illusion et à la collusion. La
révolution pour devenir soi-même, pour être sérieux,
pour être ce qu'on est. L'une des filles du bordel
s'est échappée pour devenir la maîtresse de Roger,
le chef de la révolution. Mais sa vocation est d'être
une pro-stituée. Elle n'a pas le chic de faire simplement ce qu'elle fait. Elle est incapable d'accomplir
un acte pour lui-même. Si elle panse une plaie, elle

ne peut que jouer à panser une plaie, que ce soit
avec une tendre sollicitude ou avec une sorte de
rudesse professionnelle. Les chefs révolutionnaires
reconnaissent que le peuple a besoin d'être inspiré
pour se battre et mourir. Il a besoin d'un emblème.
Sans illusion, il ne peut soutenir sa révolte. Ils décident
d'utiliser Chantal, la fille du bordel, qui est née pour
incarner les illusions des hommes : elle est un sym-
bole-né. Roger s'oppose par principe à cet usage qu'on
veut faire de Chantal, mais on n'en tient pas compte.
Un membre du comité révolutionnaire s'adresse à lui
en ces termes[1] :

> LUC : Tes discours ne m'impressionnent pas. Je soutiens
> encore que, dans certains cas, il faut employer les armes
> de l'ennemi. C'est indispensable. L'enthousiasme pour
> la liberté ? C'est une belle chose, je ne le nie pas, mais
> ce serait encore plus beau si la liberté était une jolie
> fille avec une voix chaude. Après tout, qu'est-ce que
> cela peut te faire que nous emportions les barricades
> aux trousses d'une femelle comme une bande de mâles

1. Ce passage, ainsi que deux autres, qui ne figurent pas
dans l'édition française du *Balcon*, a été traduit du texte
anglais que nous donnons en note. N.d.T.)

> LUKE : I'm not impressed by your speeches. I still maintain
> that in certain cases you've got to use the enemy's wea-
> pons. That it's indispensable. Enthusiasm for freedom ?
> It's a fine thing, I don't deny it, but it would be even
> finer if freedom were a pretty girl with a warm voice.
> After all, what does it matter to you if we storm the
> barricades by following a female like a pack of males
> in heat ? And what of it if the groans of the dying are the
> groans of life ?
> ROGER : Men don't revolt in order to go chasing after a
> female.
> LUKE (*stubbornly*) : Even if the chase leads them to vic-
> tory ?
> ROGER : Then their victory is already sick. Their victory has
> a dose of clap, to talk like you... (p. 57).

en rut ? Qu'est-ce que cela fait si les gémissements des
mourants sont les gémissements de la vie ?

ROGER : Les hommes ne se révoltent pas pour donner la
chasse à une femelle.

LUC (*têtu*) : Même si la chasse les mène à la victoire ?

ROGER : Dans ce cas, leur victoire est déjà malade. Leur
victoire est vérolée, pour parler comme toi...

Chantal incarne ce que Roger voudrait détruire.
Toutefois il aime en elle ce qui fait qu'elle a pu entrer
au bordel, et cette incapacité qu'elle a de ne pas
symboliser et incarner ce pour quoi les hommes
meurent.

CHANTAL : Le bordel m'aura au moins servi, car c'est lui
qui m'a enseigné l'art de feindre et de jouer. J'ai eu
tant de rôles à tenir, que je les connais presque tous.
Et j'ai eu tant de partenaires... (*p. 97*).

Le talent de Chantal est trop irrésistible pour que
les chefs révolutionnaires n'essaient pas d'en tirer parti,
détruisant ainsi leur propre révolution[1].

MARC : Nous allons utiliser Chantal. Son rôle est d'incarner la révolution. Le rôle des mères et des veuves
est de pleurer les morts. Le rôle des morts est de crier

---

1. MARK : We're going tu use Chantal. Her job's to embody
the Revolution. The job of the mothers and the widows
is to mourn the dead. The job of the dead is to cry for
revenge. The job of our heroes is to die with a smile...
The Palace will be occupied this evening. From the balcony of the Palace Chantal will rouse the people, and
sing. The time for reasoning is past; now's the time
to get steamed up and fight like mad. Chantal embodies
the struggle; the people are waiting for her to represent
victory.

ROGER : And when we're victors, what'll we have gained ?

MARK : There'll be time enongh to think of that (p. 63).

vengeance. Le rôle de nos héros est de mourir en souriant... Le palais sera occupé ce soir. Du balcon du palais, Chantal excitera le peuple, et chantera. Le temps de raisonner est passé ; maintenant, c'est le temps de s'échauffer et de se battre comme des enragés. Chantal incarne la lutte ; le peuple attend d'elle qu'elle représente la victoire.

ROGER : Et quand nous serons vainqueurs, qu'aurons-nous gagné ?

MARC : Nous aurons bien le temps d'y penser.

Le sérieux de la révolution est en train de tourner à la chanson et au carnaval. L'envoyé de la Reine, qui est en liaison étroite avec le bordel, déclare [1] :

Je ne doute ni de leur courage ni de leur intelligence, mais mes espions sont au cœur de la révolution et, dans certains cas, sont eux-mêmes des rebelles. A présent la populace, enivrée par ses premières victoires, a atteint le point d'exaltation où l'on abandonne le vrai combat d'un cœur léger, pour le sacrifice inutile. Ce sera facile de faire le saut. Les gens ne sont pas engagés dans la bataille. Ils sont livrés à l'orgie.

Cependant la révolution semble sur le point de l'emporter, puisque la Reine, l'Evêque, le Juge et le Général ont été tués ou ont disparu, pour peu qu'ils aient jamais existé. Mais l'envoyé de la Reine persuade la Patronne de se déguiser en Reine, et trois clients de se déguiser en Evêque, Juge et Général.

---

1. « I don't doubt their courage or cleverness, but my spies are in the thick of the revolution, and in some cases they're rebels themselves. Now, the populace, which is intoxicated with its first victories, has reached the point of exaltation at which one light-heartedly forsakes actual combat for useless sacrifice. It will be easy to take the leap. The peoples are not engaging in battle. They're indulging in revelry » (p. 71).

Dans cet accoutrement, ils se montrent au balcon du bordel. Ils se font voiturer à travers la ville. Ils se font photographier et interviewer par la presse. Alors que chaque client avait payé une prostituée pour jouer à ce jeu en collusion avec lui — pécheresse pour l'Evêque, voleuse pour le Juge, jument pour le Général — quand tout le monde traite le premier comme un Evêque, le second comme un Juge, le troisième comme un Général, le faux Evêque devient un vrai Evêque, le faux Juge un vrai Juge, le faux Général un vrai Général, et la Patronne devient Reine, plus réellement que jamais quiconque fut Evêque, Général, Juge ou Reine.

Le héros de la pièce, s'il y en a un, c'est le Chef de la Police. Jusqu'à présent, le Chef de la Police n'a jamais été personnifié, mais il sait qu'une certaine faiblesse de ses muscles l'avertira que le moment est venu où il peut cesser d'agir, se détendre et attendre tranquillement la mort. Il est présenté comme le seul homme qui agisse vraiment, au cours de la pièce. Les autres, s'ils étaient logiques, devraient reconnaître que même s'ils étaient ce qu'ils étaient, Evêque, Juge, Général, ils seraient toujours des fantoches. Le Chef de la Police les provoque :

LE CHEF DE LA POLICE : Bien. Vous n'avez donc jamais accompli un acte pour l'acte lui-même, mais toujours pour que cet acte, accroché à d'autres, fasse un évêque, un juge, un général...
L'ÉVÊQUE : C'est vrai et c'est faux. Car chaque acte contenait en lui-même son ferment de nouveauté.
LE JUGE : Nous en acquérions une dignité plus grave (*p. 121*).

Le Chef de la Police n'est pas frustré de sa fin

heureuse. Avant que la pièce se termine, il a la satisfaction de voir, par une lucarne, l'arrivée au bordel de Roger, le chef de la Révolution, et le seul homme qui ait jamais voulu jouer le rôle de Chef de la Police. Pour pouvoir le faire, il faut qu'il entre dans un mausolée construit grâce au labeur d'esclave du peuple entier, où des tombes sont enchâssées dans des tombes, des cénotaphes dans des cénotaphes, des cercueils dans des cercueils, tout cela plongé dans un silence de mort, où il n'y a que le froid de la mort et les gémissements des hommes qui ont peiné pour creuser cette pierre, où il est prouvé qu'il est aimé et qu'il est le vainqueur.

Genet laisse ouverte la question de savoir s'il peut jamais exister ou non, et dans quel sens, autre chose qu'une collusion dans le faux-semblant. Peut-être est-il possible « de voir les choses comme elles sont, de contempler paisiblement le monde et d'accepter la responsabilité du regard, quoi qu'il puisse voir ». Mais c'est la Patronne qui a le dernier mot :

> IRMA : ... Tout à l'heure, il va falloir recommencer... tout rallumer... s'habiller... (*On entend le chant d'un coq.*) s'habiller... ah, les déguisements ! Redistribuer les rôles... endosser le mien... (*Elle s'arrête au milieu de la scène, face au public.*)... préparer le vôtre... juges, généraux, évêques, chambellans, révoltés qui laissez la révolte se figer, je vais préparer mes costumes et mes salons pour demain... il faut rentrer chez vous, où tout, n'en doutez pas, sera encore plus faux qu'ici... Il faut vous en aller... Vous passerez à droite, par la ruelle... (*Elle éteint une dernière lumière.*) C'est déjà le matin. (*Un crépitement de mitrailleuse*) (*p. 135*).

Les problèmes présentés dans ces pièces par Sartre et par Genet concernent chacun de nous, à chaque moment de sa vie. Le passage suivant montre quelques exemples fournis par un groupe en analyse, de la recherche, en « l'autre », du « complément » nécessaire pour maintenir l'identité collusoire[1].

Le groupe se composait de sept hommes, âgés de vingt-cinq à trente-cinq ans. A une exception près, ils appartenaient à la classe moyenne et avaient réussi dans la vie. Jack était propriétaire d'un garage, Bill travaillait dans l'affaire d'épicerie de son père. L'exception, c'était Richard qui, après avoir échoué à d'innombrables examens, vivait à présent chez sa mère où il essayait de rassembler ses forces pour tenter une nouvelle fois d'obtenir le diplôme d'expert comptable.

Pendant les premières séances, les membres du groupe croyaient qu'ils s'étaient réunis sous la dépendance de l'analyste. C'était lui qui devait leur dire ce qu'il fallait faire, poser des questions, donner des conseils. Comme il se bornait à se taire ou à faire des remarques sur la situation, ils en conclurent, sous l'influence de Jack qui était apparemment le plus indépendant, qu'il attendait sans doute de pouvoir les aider et que le meilleur moyen de l'aider à leur venir en aide, c'était de parler d'eux-mêmes. Jack prit le rôle de chef, posa des questions, fit sortir les autres de leur réserve, orienta la discussion sur le thème des difficultés qu'on rencontre avec les femmes, apaisa les tensions, et parla un peu de ses propres sentiments, surtout concernant les femmes. Le groupe réagit favorablement, à l'exception de Bill. Il parlait

---

1. Les données qui ont servi de base à ce compte rendu sont tirées de l'enregistrement intégral des réunions du groupe.

aux autres de sa propre initiative, rarement toutefois,
et ne s'adressait jamais spontanément à Jack. Quand
par hasard Jack lui posait une question, il répondait
laconiquement. Jack semblait légèrement décontenancé
de voir que Bill ne reconnaissait pas, comme les
autres, son autorité.

Au cours de la cinquième séance la discussion habituelle eut lieu, conduite par Jack, au sujet des femmes,
discussion à laquelle tout le monde prit part sauf Bill.
Celui-ci, apparemment sans raison aucune, interrompit
le débat pour exprimer avec véhémence son horreur
du football et des foules qui allaient assister aux
matches. C'était, disait-il, un jeu stupide et les fanas
de football étaient des imbéciles avec qui il ne se
sentait rien de commun. Tous les autres membres du
groupe assistaient à des matches de football, y compris Jack : non, toutefois, pour le football, dit-il,
mais parce qu'il avait envie d'être « avec les gars ».
Bill poursuivit en disant combien il souhaitait rencontrer quelqu'un qui s'intéressât aux mêmes choses
que lui, qui partageât ses goûts artistiques, qui ne
fût pas comme tous les autres gens ennuyeux et
inintéressants, à commencer par son père qui était
incapable de l'apprécier à sa juste valeur. Jack lui
coupa la parole en faisant remarquer que les artistes
aiment à parler d'art entre eux. « Oui, dit Bill, je
suis un peu un artiste. J'aime assez barbouiller. »
Jack ajouta que les amateurs de football aiment aussi
à parler de football, mais Bill fit semblant de ne pas
entendre et continua à parler de l'appréciation de la
peinture. Jack répliqua que seules les personnes très
cultivées pouvaient vraiment apprécier l'art. Commentaire nettement démoralisant à l'endroit de Bill qui

était très sensible à son manque d'instruction classique. Il se fit cependant un *rapprochement*[1] précaire
quand, à l'instigation de Jack, on se mit d'accord pour
dire que n'importe qui pouvait apprécier la musique.

Bill souhaitait se voir et être vu comme un homme
supérieur, avec des goûts raffinés, mais il n'arrivait
jamais à se défaire entièrement du sentiment qu'il
ne comptait pour rien aux yeux de ceux qui avaient
vraiment de l'importance. Il sentait qu'il ne pourrait
jamais devenir « vraiment » quelqu'un parce que,
quoi qu'il fît par lui-même, il était de la même chair
et du même sang que ses parents qui étaient, eux,
« vides, ennuyeux et inintéressants ». Quant à moi,
il me voyait paré de tous les attributs de « l'autre »
idéal. En tant qu'analyste, j'étais fort, instruit, compré-
hensif et bienveillant. Mais malheureusement, j'étais
également capable de distinguer le vrai du chiqué.
Désespérant d'être lui-même quelqu'un d'authentique,
il se sentait vide ; et avait besoin, par conséquent,
d' « obtenir » quelque chose de moi. Il se montrait
souvent déçu de voir qu'en pratiquant « cette technique », l'analyse ne lui donnât pas davantage. L'analyste, l' « autre idéal », était lui aussi frustrant et
insatisfaisant. Sa technique était « monotone », « en-
nuyeuse, vide et inintéressante ». Désespéré d'être
lui-même, plus il se sentait vide, plus l'analyste était
un être dense, qui incarnait tout ce qui lui manquait.
Le pénis de l'analyste devint l'emblème de tous les
attributs de l'analyste, qu'il souhaitait ardemment
s'incorporer. Ce qui s'exprimait en aspirations homosexuelles passives dirigées vers moi en tant que

---

1. En français dans le texte.

l'autre idéal, et qu'il révéla dans une lettre. Les autres membres du groupe évitaient l'orientation homosexuelle passive en prenant soin de se voir en tant qu'hommes pour qui la personne qui comptait en tant qu'autre était toujours une femme. Evoquer la présence des femmes en leur absence était, pour eux, une « défense » contre les tensions homosexuelles au sein du groupe.

Tout comme Bill, Jack avait le sentiment que ses parents ne lui avaient rien donné, ou ne lui avaient pas donné assez, ou lui avaient donné ce qu'il ne fallait pas. Mais lui n'aspirait qu'à être bon époux et bon père, ainsi que bon patient. Il voulait tout le temps *donner,* et manifestait ce besoin par le rôle qu'il assumait. Cependant, il était consterné de s'apercevoir qu'il en voulait toujours à ceux qu'il « aimait », c'est-à-dire à qui il se sentait contraint de donner. Il définissait sa « névrose » comme l'incapacité de cesser d'en vouloir, à ceux qu'il aimait, de ce qu'il leur donnait.

Bill et Jack entrèrent tous deux dans un rapport collusoire, fondé sur le fait que chacun confirmait l'autre dans une fausse position. Bill était confirmé par Jack dans l'illusion de sa supériorité et dans la fausse prémisse que, fondamentalement, il ne valait rien. Bill confirmait l'illusion qu'entretenait Jack d'être « quelqu'un qui donne ». La confirmation collusoire de chaque faux soi est l'inverse de la confirmation authentique. Leur rapprochement simulait la véritable amitié. Jack était, à ses propres yeux, un homme d'affaires indépendant, positif, pratique, terre à terre, nettement hétérosexuel, bien que les femmes ne fussent pour lui que ces présences absentes dont il parlait avec « les copains ». Il ne devait rien à personne et il était très généreux.

Bill rêvait de contrées lointaines où les choses pouvaient être belles, où les gens étaient raffinés et non pas vulgaires et grossiers comme ils l'étaient ici, maintenant. Les gens ne connaissaient rien aux choses délicates. L'on pourrait se demander ce que Jack pouvait lui offrir de ce qu'il souhaitait, et réciproquement.

Une chose était claire quand on les écoutait. Quand ils parlaient ensemble, Jack était plus que jamais « Jack » tel qu'il se voyait, et Bill plus que jamais « Bill » tel qu'il se voyait. Chacun confirmait l'autre dans son identité imaginaire. Chacun cachait à l'autre ce qui aurait pu la détruire. Les choses continuèrent ainsi jusqu'au moment où Bill donna à entendre qu'il éprouvait une attirance sexuelle pour Jack. Cela, Jack ne pouvait l'accepter.

Les autres membres du groupe se conduisaient « comme si » cette entente avait un caractère sexuel, niant ainsi qu'elle l'eût *vraiment,* de même que les autres aspects de la collusion qu'ils choisissaient de ne pas voir. Jack demanda à Bill à quoi il pensait quand il se masturbait. Après s'être fait prier, Bill finit par dire qu'il pensait parfois à un homme. Jack répliqua aussitôt que lui pensait toujours à des femmes et se fit immédiatement confirmer par les autres qu'ils faisaient de même. C'était là sa manière d'éconduire Bill. A ce moment, la collusion sembla devoir en rester là ; bien que la rebuffade fît elle-même partie de la collusion. Pour Jack, l'autre, sur le plan sexuel, devait être féminin, il ne pouvait supporter d'être, dans ce domaine, l'autre pour un homme.

Les autres membres du groupe réagissaient chacun à sa manière à cette collusion gênante. L'angoisse trouva son expression la plus manifeste dans les propos d'un homme qui avait toujours cru que physiquement ses parents se blessaient l'un l'autre et qui craignait de blesser sa femme. Il était particulièrement sensible à la façon dont Jack s'attaquait à Bill et le rejetait. Au cours d'une de ces altercations teintées de sado-masochisme, Jack reprocha vivement à Bill de ne pas assister à des matches de football. Cet homme les interrompit en disant qu'il avait un malaise, comme cela lui était arrivé la veille au soir, en regardant un match de boxe à la télévision, quand l'un des boxeurs avait donné à l'autre une terrible raclée.

Richard était le seul qui parût souhaiter que la collusion se poursuivît indéfiniment. C'était un individu extrêmement schizoïde. Récemment, il avait laissé un jour ses livres pour faire une promenade dans le parc. C'était une belle soirée du début de l'automne. Comme il était assis, au coucher du soleil, en train d'épier les amoureux, il se sentit peu à peu confondu avec ce spectacle, avec la nature entière, avec le cosmos. Pris de panique, il se leva et rentra chez lui en courant. C'est avec soulagement qu'il « revint à lui ». L'identité de Richard ne pouvait se maintenir que dans l'isolement. Toute relation pouvait entraîner la perte de cette identité, l'absorption, la fusion, l'engloutissement, la perte de tout moyen de se différencier. Il ne pouvait *être* que tout seul, mais la vue de gens réunis le fascinait. Cela lui paraissait tellement impossible, si loin de sa portée, que c'était à peine s'il en éprouvait de l'envie, de la jalousie. Son soi intérieur était vide. Il mourait d'envie de se

sentir ensemble, avec n'importe qui. Mais tout attachement l'eût empêché d'exister séparément. S'il était
attaché à quelqu'un, il deviendrait, selon ses propres
termes, un mollusque, une sangsue. Il était « en
dehors » de la vie. Il ne pouvait être que spectateur.
Comme Jack lui posait une question « objectivement »
anodine, il répondit qu'il sentait son existence menacée
quand on l'interrogeait et demanda aussitôt à Bill
ce qu'il pensait. Il ne pouvait être qu'un *voyeur*. Ce
qui permet de supposer que Richard était *incapable*
d'arriver à ce genre de collusion à deux. Jouer le
même jeu, c'est au moins faire quelque chose ensemble,
avec quelqu'un d'autre. Cela implique une certaine
marge de liberté par rapport aux pires craintes de
détruire l'autre ou d'être détruit par lui, qui excluent
virtuellement la possibilité de toute forme de relation
sur n'importe quelle base avec qui que ce soit[1].

C'est en fonction de la frustration fondamentale
qu'éprouve le soi dans sa recherche du complément
collusoire d'une fausse identité que l'assertion de Freud,
selon laquelle l'analyse doit être conduite dans des
conditions maximales de frustration prend son sens
le plus convaincant.

Il convient d'étudier ici la « place » du thérapeute
dans un groupe de ce genre, et la « place » que
les membres du groupe ont le sentiment d'occuper
par rapport à lui.

Une véritable thérapie analytique ou existentielle
a pour fonction essentielle de fournir un cadre où

---

1. Le passage qui précède est la version modifiée d'un texte
publié antérieurement (Laing et Esterson, 1958).

la capacité que possède chacun de découvrir son propre soi rencontre le moins d'obstacles possible.

Sans vouloir aborder une discussion sur le fond, l'on peut faire quelques remarques sur l'un des aspects de la position du thérapeute. Le thérapeute a l'intention de ne pas se laisser entraîner dans une collusion avec les patients en prenant position dans leur système de fantasmes ; et, d'autre part, de ne pas se servir des patients pour incarner l'un de ses fantasmes personnels.

Le groupe était fréquemment dominé par un fantasme que ses membres exprimaient en se demandant si je détenais la solution de leurs problèmes. Il leur fallait décider si j'avais ou non « la réponse » ; et, si je l'avais, comment me l'arracher. Mon rôle consistait à n'entrer dans aucune collusion qui m'eût associé aux illusions ou aux désillusions du groupe, et à essayer de formuler les systèmes de fantasmes sous-jacents.

L'art de la thérapie réside pour une grande part dans le tact et la lucidité avec lesquels l'analyste attire l'attention sur les diverses façons dont la collusion entretient les illusions ou déguise les délusions. Parfois, le groupe est dominé par le fantasme selon lequel le thérapeute possède « la réponse » et si les participants avaient « la réponse », ils ne souffriraient pas. La tâche du thérapeute, qui ressemble alors à celle d'un maître du Zen, consiste à montrer que la souffrance n'est pas due à ce qu'on n'obtient pas « la réponse », mais qu'elle *est* l'état même de désir qui croit à l'existence de ce genre de réponse, joint à la frustration de ne pas l'obtenir. Burtt (1955) disait à propos de l'enseignement de Hsi Yun, maître du Zen qui vécut vers 840 avant notre ère, que l'intention du maître était de faire prendre conscience au questionneur « que la vraie difficulté ne provient pas tellement de ce qu'il n'y a pas de réponse à ses questions que de ce qu'il persiste dans l'état d'esprit qui le conduit à les poser » (p. 195). L'illusion comme la désillusion peuvent être fondées sur le même fantasme. Il y a « une réponse », quelque part ; ou il n'y a « pas de réponse », nulle part. Ce qui revient au même.

La thérapie sans collusion ne peut que frustrer les désirs engendrés par le fantasme.

CHAPITRE IX

Situations fausses et intenables

I. SITUATIONS SUSCITÉES PAR LE SOI

> *Nam in omni actione principaliter inten-*
> *ditur ab agente, sive necessitatae naturae sive*
> *voluntarie agat, propriam similitudinem expli-*
> *care ; unde fit quod omne agens, inquantum*
> *huiusmodi, delectatur, quia, cum omne quod*
> *est appetat suum esse, ac in agendo agentis*
> *esse quodammodo amplietur, sequitur de*
> *necessitate delectatio... Nihil igitur agit nisi*
> *tale existens quale patiens fieri debet.*
>
> DANTE [1].

On dit qu'on se trouve dans une situation fausse,
ou dans une situation intenable. Les gens tour à

---

1. ... car en toute action, le but principal où tend l'agent,
soit qu'il agisse volontairement soit par nécessité de nature,
c'est de produire au jour une ressemblance de lui-même. D'où
vient que tout agent, en tant que tel, prend plaisir à son action ;
en effet toute chose qui existe a le désir de son être, et dans
l'action l'être de l'agent en quelque sorte s'accroît : d'où s'en-
suit de nécessité une impression de plaisir... Ainsi donc il n'est
chose qui puisse agir si elle n'est déjà telle que doit être le
sujet patient (*Dante*, Œuvres complètes, traduction A. Pézard,
Bibliothèque de la Pléiade, Gallimard, 1968, p. 651-652).

tour se mettent, mettent les autres et sont mis par les autres dans des situations fausses ou intenables. Si l'on veut construire, en ce sens, une théorie de l'aliénation, on fera bien de prêter attention à deux sortes de locutions familières qui s'appliquent à la *situation* où il arrive qu'on se place ou qu'on place autrui, et à la situation où il arrive qu'on soit placé par d'autres. Le bon sens nous apprend que, dans la vie de tous les jours, une personne peut se mettre dans une situation fausse ou intenable ou être placée par d'autres dans une situation fausse ou intenable. Le mot « situation » est employé ici dans un sens existentiel plutôt qu'économique, social, ou hiérarchique à l'intérieur de tout autre système.

Le langage courant abonde en expressions qui s'appliquent à la façon dont le soi contribue à sa propre expérience de la « place » ou de la « situation » qu'il occupe dans le monde. On dit que quelqu'un « se met tout entier » dans ses actes ou qu'il n'est *pas* « dans » ce qu'il dit ou fait ; on considère généralement les actes de quelqu'un comme une façon qu'il a de se perdre, ou de s'oublier, ou de sortir de lui-même. Il peut avoir l'air « tout rempli de lui-même » ou « hors de lui », ou d'être « revenu à lui » après « n'avoir pas été lui-même ». Ces expressions sont des attributions qualifiant la relation entre cette personne et ses actes, on les emploie tout « naturellement », c'est le langage de « l'homme de la rue ». Toutes ces expressions posent la question de savoir dans quelle mesure on considère ou l'on sent que l'acte renforce l'être ou l'existence de son auteur, ou dans quelle mesure l'acte, comme le dit Dante dans le texte cité plus haut, rend patent le soi latent de son auteur (même si l'intention première de celui-ci est de ne pas se dévoiler). Une analyse existentielle de l'action doit avant tout chercher à déterminer dans quelle mesure et de quelle manière l'agent est dévoilé ou dissimulé, consciemment ou inconsciemment, exprès ou sans le vouloir, dans et par l'action.

Le langage quotidien nous fournit des indices que nous aurions tort de négliger. Il donne à entendre qu'il existe peut-être une loi générale ou un principe selon lequel un individu, en s'engageant dans ses actes, aura le sentiment d'aller de l'avant, étant entendu que cela équivaut à se dévoiler (à rendre patent son vrai soi), mais que, si ce n'est pas le cas, il aura tendance à se dire qu'il « revient en arrière », ou qu'il piétine, ou qu'il « tourne en rond » ou qu'il « ne va nulle part ». En « me mettant dans » ce que je fais, je me perds et, ce faisant, j'ai l'impression de devenir moi-même. J'ai le sentiment d'être l'acte que j'accomplis et je deviens « moi » dans et par cet acte. On peut dire aussi, en un certain sens, qu'une personne « se maintient vivante » par ses actes ; chaque acte peut être un nouveau commencement, une nouvelle naissance, une façon de se re-créer, de s'accomplir.

Etre « authentique », c'est être fidèle à soi-même, être ce qu'on est, être « vrai ». Etre « inauthentique », c'est n'être pas soi-même, être infidèle à soi, n'être pas ce dont on a l'air, être un simulacre. Nous avons tendance à associer les catégories du vrai et du réel en disant qu'un acte sincère est réel mais que quelqu'un qui utilise habituellement ses actes comme un déguisement n'est pas réel.

Dans le langage courant, ou dans une théorie plus systématique qui, pour paraphraser une réflexion de William James, reviendrait à s'efforcer avec une obstination exagérée de penser clairement, l'action « authentique » ou l'action « inauthentique » peuvent être envisagées à divers points de vue : chacun d'eux met en évidence des traits différents.

Le renforcement de l'être de l'agent grâce au dévoilement de soi, qui rend patent le soi latent, tel est le sens de la « volonté de puissance » de Nietzsche. C'est l'homme « faible » qui, au lieu de se fortifier vraiment, maquille son impuissance en dominant et en régentant les autres, en idéalisant la force physique ou la puissance sexuelle au sens restreint du terme, à savoir la capacité d'avoir des érections et des éjaculations.

L'acte vrai, révélateur, fortifiant, je l'éprouve comme un accomplissement. A vrai dire, je le considère comme le seul *véritable* accomplissement. C'est un acte qui est moi : dans cette action, je suis moi-même. Je me mets « dedans ». Dans la mesure où je me mets moi-même « dans » ce que je fais, je deviens, ce faisant, moi-même. Je sais aussi que l'inverse est vrai, quand je me sens « vide » ou obsédé par un sentiment de « futilité ». Ces impressions que j'ai de moi-même m'obligent à voir l'autre sous le même jour. Je soupçonne, chez l'autre, une activité « frénétique » — je sens qu'*il* sent que ses actes manquent de signification intrinsèque : que tout en s'accrochant à des formules toutes faites et à des dogmes, il pressent sa propre vacuité. Je m'attends à ce qu'une telle personne envie les autres et leur en veuille. Si, d'après l'impression que j'ai de moi-même, je le vois comme quelqu'un qui ne s'accomplit pas parce qu'il ne se projette pas dans son propre avenir, je suis attentif aux divers moyens qu'il emploiera pour essayer de combler sa vacuité. L'on se remplit des autres (identification introjective) ou l'on vit par procuration, de la vie des autres (identification projective). Votre « propre » vie s'arrête. On tourne en rond, on est pris dans un tourbillon, on court en tous sens et l'on n'arrive nulle part.

La phénoménologie existentielle de l'action étudie les mouvements, les tours et détours de la personne par rapport aux diverses manières dont elle s'engage plus ou moins dans ce qu'elle fait. Elle cherche à déterminer sur quoi l'on fonde tels jugements ou attributions concernant soi-même ou autrui. Le psychiatre peut baser un diagnostic de schizophrénie tant sur la relation qu'il établit entre le patient et ses actes que sur les actes eux-mêmes considérés comme pur et simple « comportement ». Si le psychiatre, ou le psychopathologiste, s'imaginant qu'il voit l'autre personne en toute « objectivité », ne soumet pas à un examen critique son diagnostic à base de « signes » et de « symptômes », ces catégories « cliniques » lui imposent une vue de l'autre appauvrie et distordue. Des catégories « cliniques » telles que schizoïde, autistique, affectivité « affaiblie », « retrait » présupposent toutes qu'il existe des critères impersonnels solides, valables, permettant de qualifier les rapports entre autrui et ses actions. Ces critères solides ou valables n'existent pas.

Il ne s'agit pas ici d'une simple omission et ce n'est pas en se livrant à des études de « solidité » qu'on pourrait remédier à cette situation. L'éloignement de *notre propre théorie par rapport à nos propres actes* a sa cause profonde dans notre situation historique.

Dans notre discours quotidien, nous employons, entre autres, deux notions de la « vérité ». L'une est l' « indice de vérité » d'une proposition ; le rapport des mots aux choses. Si *A* dit : « *p* est un fait », ce qu'on entend généralement par l' « indice de vérité » de la proposition « *p* est un fait » n'a rien à voir avec la relation entre *A* et cette proposition. Cependant, dans le discours quotidien, il est souvent plus important pour nous d'apprécier la relation entre *A* et cette proposition : si *A* dit la vérité, s'il ment, s'il se trompe lui-même, et ainsi de suite.

Heidegger (1968) oppose le concept de vérité selon la science naturelle à une notion de la vérité qu'il trouve chez certains présocratiques. Alors que, dans la science naturelle, la vérité consiste en une correspondance, une *adaequatio* entre ce qui se passe *in intellectu* et ce qui se passe *in re*, entre la structure d'un système de symboles « dans l'esprit » et la structure des événements « dans le monde », on trouve un autre concept de vérité dans le mot grec

Selon ce concept, la vérité est littéralement ce qui est sans secret, ce qui se révèle sans aucun voile. Ce concept a des implications pratiques dans le domaine des relations humaines, qu'il s'agisse de dire la vérité, de mentir, de faire semblant, d'équivoquer, en paroles ou en actes : on cherche constamment à évaluer la « position » de la personne par rapport à son propre langage et à ses actions.

Quand on envisage les actions d'autrui du point de vue de cette forme de vérité ou de mensonge, on dit qu'un homme est sincère ou « fidèle à lui-même »

si l'on « sent » qu'il pense ce qu'il dit ou dit ce qu'il
pense. Ses paroles ou ses autres façons de s'exprimer
sont l'expression « vraie » de son expérience ou de
ses intentions « réelles ». Entre une telle vérité et un
mensonge, il y a place pour les ambiguïtés et les
complexités les plus curieuses et les plus subtiles, dans
la manière dont une personne se dévoile ou se cache.
On dit avec assurance : « Son sourire l'a trahi »,
ou : « Cette expression n'est qu'un masque », ou :
« Ceci a l'accent de la vérité. » Mais qu'est-ce qui
est révélé, qu'est-ce qui est caché, à qui et par qui,
dans le sourire de la Joconde, chez l'ange de Blake
« entre le sérieux et la plaisanterie », dans l'infini
pathos ou l'apathie d'un Arlequin de Picasso ? Le
menteur trompe les autres sans se tromper lui-même.
L'hystérique se trompe lui-même avant de tromper les
autres. Les actions de l'acteur ne sont pas « lui ».
L'hypocrite, l'imposteur — comme le Felix Krull de
Thomas Mann, absorbé par les rôles qu'il joue —
sont les exploiteurs et les victimes de la fissure entre
le soi et l'expression. Rien ne garantit qu'on puisse
apprécier correctement les rapports entre autrui et
ses actes.

On voit, dit Hegel, à l'expression d'un visage si l'homme
est *sérieux* dans ce qu'il dit ou fait. — Mais inversement, ce
qui doit être expression de l'intérieur est en même temps
expression *dans l'élément de l'être,* et retombe par là dans la
détermination de *l'être* qui est absolument contingent pour
l'essence consciente de soi. Ce qui doit être expression est
donc bien expression, mais est en même temps aussi seulement comme un *signe,* de sorte qu'au contenu exprimé, la
constitution de ce moyennant quoi il est exprimé, est pleine-
ment indifférente. L'intérieur est bien dans cette manifestation un Invisible visible, mais sans être pourtant lié à
cette manifestation ; il peut aussi bien être dans une autre

manifestation, comme réciproquement un autre intérieur peut être dans la même manifestation. — Lichtenberg dit donc à bon droit : à supposer que le physiognomoniste ait une seule fois attrapé l'homme, il suffirait de prendre une décision résolue pour se rendre de nouveau incompréhensible pour des milliers d'années (La Phénoménologie de l'esprit, *p. 263-264*).

« Je vais à la maison de mon Seigneur », disait l'esclave chrétien, interpellé par le centurion. Une telle équivoque joue sur l'écart irrémédiable *entre* l'homme et l'homme, que nul amour, ni l'expérience la plus complète de l'union, ne peut entièrement ou définitivement abolir.

Quand les paroles, les gestes, les actions d'un homme dévoilent ses intentions réelles, on dit qu'ils sont vrais et non pas faux, comme une pièce de monnaie est une vraie pièce et non pas une pièce fausse. Sa moue de désapprobation, sa parole d'encouragement, son sourire de plaisir sont la vraie monnaie, authentique, de ce qu'il est.

Le soi, qualifiant ses propres actes ou ceux d'autrui, peut les juger révélateurs ou dissimulateurs, « faibles » ou « forts », enrichissants ou appauvrissants ; « réalisant » l'être de leur auteur ou le rendant plus « irréel », plus créateur ou plus destructeur.

L'homme qui ne se révèle pas ou qui, quand il le fait, n'est pas « vu » par les autres, peut, dans une sorte de désespoir, avoir recours à d'autres moyens de se dévoiler. L'exhibitionniste montre son corps ou une partie de son corps, ou quelque talent ou habileté hautement prisée, aux fins de surmonter son isolement obsédant, cette solitude de celui qui sent que son soi « réel » ou « vrai » n'a jamais été dévoilé aux autres ou confirmé par eux. L'homme qui ne peut s'empêcher d'exhiber son pénis se dévoile par l'entremise de cette « chose » au lieu de le faire par sa façon de vivre. L'analyse de quelqu'un de ce genre peut montrer que ce n'est pas seulement cette chose qui devrait, selon lui, sidérer les autres mais lui-même, dont les actions sont « faibles », « factices », « irréelles » et n'impressionnent personne. Il voudrait introduire dans son pénis le « vrai » soi auquel il prétend. Mais au lieu de rendre patent son soi latent et d' « intensifier » ainsi son être, il s'inhibe (se retient à l'intérieur) et exhibe (montre à l'extérieur) son pénis.

Celui qui se trouve dans une fausse situation peut ne pas se rendre compte qu'il est « dans » cette situation. Ce n'est que dans la mesure où il n'est pas entièrement « dans » cette situation, où il n'est pas devenu complètement étranger à sa « propre » expérience et à ses actes qu'il peut ressentir la situation *comme fausse*. Peut-être sa « vie » s'est-elle arrêtée sans qu'il s'en rende compte. Il se peut que, privé d'un avenir réel qui lui soit propre, il soit dans cet état de désespoir suprême qui est, comme le dit Kierkegaard, de ne pas savoir qu'il est désespéré. Il est désespéré parce qu'il a perdu « son propre » avenir, si bien qu'il ne peut avoir aucun véritable espoir, aucune vraie confiance en un avenir quelconque. Celui qui se trouve dans une fausse situation a perdu le point de départ personnel d'où il pourrait se jeter ou s'élancer, c'est-à-dire se pro-jeter en avant. Il ne s'y retrouve plus. Il ne sait pas où il est ni où il va. Quels que soient ses efforts, il ne peut arriver nulle part. Dans le désespoir, de même que tous les lieux se valent, tous les moments sont pareils. L'avenir est la résultante du présent, le présent est la résultante du passé, et le passé est immuable.

De telles prises de conscience font parfois irruption dans les rêves. Nous avons déjà dit que, quelle que soit la frénésie avec laquelle quelqu'un s'agite dans l'espace ou s'engage dans les affaires ou dans une activité quelconque, si tout cela est « faux », d'un point de vue existentiel « il » n'arrive nulle part. Il continue à « tourner en rond », pris « dans un tourbillon ». Même en courant de toutes ses forces, il reste toujours à la même place. Voici le rêve que fit un homme en de telles circonstances :

> Je me trouvais sur une plage. Il y avait des bancs de sable et des rochers dénudés. J'étais seul. Je me jetai à l'eau, je nageai, je nageai, et j'étais au bord de l'épuisement quand j'atteignis enfin un autre rivage. Encore des bancs de sable et des rochers nus. Une fois de plus, j'étais seul. Je m'aperçus que c'était le même lieu.

L'homme qui fit ce rêve avait apparemment réussi dans la vie. D'un point de vue existentiel, nager le ramenait toujours au même endroit.

Une délusion fréquente chez les paranoïdes consiste à se figurer qu'un complot est ourdi contre soi. Le soi attribue à autrui l'intention de le déloger de sa position dans le monde, de le déplacer et de le remplacer. La façon dont la chose doit se faire est souvent laissée dans le vague, « non systématisée ».

Dans une œuvre de jeunesse, *Le Double*, Dostoïevski fait écrire à Goliadkine, dans une lettre adressée à un collègue (1969, p. 108) :

> En conclusion je vous prie, mon cher monsieur, de porter à la connaissance desdites personnes que leur étrange pré-

tention et leur infâme et fantastique désir *d'évincer les autres du domaine que ces autres ont occupé par leur existence en ce monde, et de s'emparer de leur place* [les italiques sont de moi] mérite l'étonnement, la pitié et, par-dessus tout, l'asile d'aliénés ; qu'en outre de tels agissements sont strictement interdits par les lois, ce qui est parfaitement juste à mon avis, car chacun doit se contenter de sa propre place. Il y a des limites à tout, et si c'est une plaisanterie, c'est une plaisanterie malséante, je dirai plus : parfaitement immorale, car j'ose vous assurer, mon cher monsieur, que les idées que j'ai ci-dessus développées, au sujet de *sa propre place* sont purement morales.

En tout cas j'ai l'honneur de demeurer
Votre humble serviteur,

J. Goliadkine.

Non seulement Dostoïevski décrit, d'un point de vue phénoménologique, comment Goliadkine est évincé de la « situation » qu'il occupe, de par son existence, dans le monde, et finalement remplacé par le double, mais il montre comment cette « délusion » est intimement liée à l'intention secrète qu'a Goliadkine *de n'être pas lui-même.* C'est sa propre intention qu'il attribue aux autres. C'est lui-même qui se déloge de la place dans le monde à laquelle son existence justement lui donne droit.

Peu avant sa première rencontre avec son double, par « une nuit de novembre, humide, brumeuse, pluvieuse, neigeuse », Dostoïevski écrit :

... Si à cet instant un observateur désintéressé, non prévenu, avait assisté à loisir, de côté, à la course désolée de M. Goliadkine, il aurait tout de suite profondément ressenti toute l'horreur de sa détresse, et il se serait certainement dit que M. Goliadkine avait toutes les apparences d'un homme qui voudrait se cacher de lui-même, d'un homme qui cherche où se fuir lui-même. Oui ! c'était effec-

tivement cela. Disons plus : *M. Goliadkine souhaitait non
pas seulement échapper à lui-même, mais même s'annihiler
complètement, n'être plus, tomber en poussière (p. 43-44 ;
les italiques sont de moi).*

Après cette rencontre avec son double, il découvre
que cet homme emploie tous les moyens pour le
déloger de sa situation dans l'existence, jusqu'au
moment où il lui prend carrément sa place dans le
monde. Cependant, juste avant qu'on l'emmène à l'asile
d'aliénés, Goliadkine aperçoit son « malfaisant sosie »
qui « apparemment en cet instant n'était plus ni
malfaisant ni même sosie de M. Goliadkine, mais
parfaitement en marge et plutôt aimable de sa personne » (p. 167).

Tout en se disant que l'autre était en train de l'évincer complètement de sa place dans le monde, tout en
rêvant que Saint-Pétersbourg était entièrement peuplé
d'autres Goliadkine, il avait cherché lui-même, exprès,
à s'annihiler, à n'être pas lui-même. Ce projet, au
cœur même de son existence, était resté un secret
même pour lui, un secret qu'il n'arrivait pas à saisir,
à comprendre. A d'autres moments, il se sentait « incapable de penser, incapable aussi de faire quoi que ce
fût ; il ne savait pas où il en était... » (p. 146). Cependant, même en cet instant où il est sur le point de
cesser d'exister, où il est un homme détruit, dans un
dernier effort pour remédier à la situation, il cherche
une fois de plus, délibérément, une nouvelle méthode
pour n'être pas lui-même.

« Cela vaut mieux, pensa-t-il. Je vais plutôt prendre la
chose par un autre bout, et voici comment... Je serai comme
ça... un observateur à l'écart, voilà ce que je serai, et l'affaire
est réglée... en disant comme ça, je suis en observateur, en

assistant latéral... rien de plus, et alors, quoi qu'il arrive, je n'y suis pour rien. C'est comme ça ! Voilà comment ça va être à partir de maintenant. »

Et notre héros fit effectivement ce qu'il avait décidé de faire, il retourna en arrière, et cela d'autant plus volontiers que, grâce à une heureuse idée, il était à présent en marge.

« Et ça vaut mieux : tu ne réponds de rien, et tu auras vu ce qu'il y avait à voir... » (*p. 164*).

Dans la pratique il faut se garder des conclusions hâtives. Chez Lemert (1967) nous trouvons la description presque unique d'une série de délusions paranoïdes où les autres personnes réelles ont fait l'objet d'une étude. Lemert est d'avis que, beaucoup plus souvent qu'on ne le pense, une sorte de conspiration se fait réellement autour des gens qui ont le sentiment qu'on complote contre eux. Dans de telles circonstances, le va-et-vient des attributions contraires est extrêmement complexe et il est étrange que les travaux de Lemert aient été si peu suivis jusqu'ici (voir Scheff, 1967, et Laing et Esterson, 1964).

II. SITUATIONS SUSCITÉES PAR AUTRUI

> *Là où tu es, apparaît un lieu.*
>
> RILKE.

Enfants, vous pouvez vous montrer, mais qu'on ne vous entende pas.

Il arrive qu'on se mette dans une situation fausse et, finalement, dans une situation intenable. Il arrive également qu'on *soit mis* dans une situation fausse et, finalement, dans une situation intenable, par les agissements des autres.

Une fois de plus, le langage familier nous fournit de nombreuses expressions. Mettre quelqu'un au pied du mur ; lui laisser le champ libre ; ne pas avoir les coudées franches ; être entre deux chaises ; faire en sorte que quelqu'un ne sache plus où se mettre ; savoir à quoi s'en tenir avec quelqu'un ; tirailler quelqu'un ou être tiraillé en sens contraires ; serrer la vis ; savoir où l'on en est ; sentir le sol se dérober sous ses pieds ; être coincé, ligoté, pincé, enfoncé, acculé, emberlificoté, piégé, étouffé.

Pour bien comprendre l'expérience que fait la personne de sa « situation », il faut évidemment connaître les actions des autres de même que les siennes, ainsi que ces autres qui font partie de son imagination ou de ses fantasmes.

L' « espace » où quelqu'un a le sentiment de pouvoir bouger librement est à la mesure de *l'espace qu'il s'accorde et de celui que lui accordent les autres.*

Cette situation trouve une illustration dramatique dans le rapport d'un agent de police qui observait un petit garçon en train de courir autour d'un pâté de maisons. Quand ce manège se fut reproduit vingt fois, l'agent, au moment où le gamin passait devant lui, lui demanda ce qu'il faisait. L'enfant répondit qu'il s'était sauvé de chez lui mais que son père lui avait défendu de traverser la rue ! Le « champ libre » du petit garçon était restreint par la manière dont il avait « intériorisé » l'injonction paternelle.

L'espace géométrique et métaphorique, de l'adulte comme de l'enfant, est fortement structuré par l'influence des autres, qui s'exerce constamment dans un sens ou dans l'autre. C'est une question de « bon sens », un truisme, mais il devient nécessaire de le dire alors qu'une phénoménologie de l'espace néglige d'accorder à ce facteur l'importance qui lui revient[1]. En examinant certains aspects de l'apport d'autrui à la situation existentielle de la personne, nous découvrirons qu'un certain nombre de questions soulevées précédemment se rejoignent pour éclaircir la situation « fausse » et la situation « intenable ».

Pour comprendre la « situation » en fonction de laquelle une personne vit, il faut connaître la signification initiale de sa place dans le monde où il a grandi. Le sentiment qu'il a de sa place se sera développé partiellement en fonction de la place qui lui aura été premièrement *assignée* par le nexus originel d'autres personnes.

Tout être humain, qu'il soit enfant ou adulte, a sans doute besoin d'avoir de l'*importance*, c'est-à-dire d'occuper *une place dans le monde de quelqu'un d'autre*. Les adultes comme les enfants veulent occuper une « position » aux yeux d'autrui, une position qui leur ménage un espace libre. On imagine difficilement que la plupart des gens choisiraient une liberté sans limite à l'intérieur d'un nexus de relations personnelles, si rien de ce qu'ils faisaient n'avait d'importance pour qui que ce soit. Quelqu'un choisirait-il la liberté si rien de ce qu'il faisait ne comptait pour personne ? Sans doute est-ce un désir universellement répandu parmi les hommes que de vouloir occuper une place dans le monde d'au moins une autre per-

---

1. Je me réfère ici, en particulier, aux études avancées de Minkowski (1933, 1953). La même critique est applicable à Binswanger (1958).

sonne. Le plus grand réconfort qu'apporte la religion
est peut-être le sentiment qu'on a de vivre dans la
Présence d'un Autre. La plupart des gens, à un moment
quelconque de leur vie, et qu'ils aient ou non connu
cette expérience dans leurs jeunes années, cherchent
à occuper la *première*, sinon la seule place qui compte,
dans le monde d'au moins une autre personne. Comme
il a été indiqué précédemment, aucune théorie d'ensemble des relations homme-femme ne peut négliger
le fait maintes fois constaté que chacun cherche non
seulement quelqu'un à aimer et qui l'aime, mais un
autre dont on sente soi-même qu'il est heureux d'être
aimé par soi. Imaginez un amour idéal privé de cet
élément. Jill aime Jack. Jack aime Jill. Jill sait que
Jack aime Jill. Jack sait que Jill aime Jack. Mais
Jack dit que cela ne change rien pour lui que Jill
l'aime ou non. Pourvu qu'il l'aime, c'est tout ce qui
compte. Quels seront les sentiments de Jill ?

Dans les associations d'idées typiques des paranoïdes,
l'individu sent que les murmures et les rumeurs qu'il
entend en passant devant un attroupement le concernent. Dans un bar, un éclat de rire dans son dos est
provoqué par un bon mot à ses dépens. Quand on
commence à connaître mieux que superficiellement
quelqu'un de ce genre, on découvre souvent que ce qui
le met à la torture, ce ne sont pas seulement ses
délires d'interprétation, c'est bien plutôt le soupçon
déchirant qu'il n'a aucune importance pour personne,
que personne ne fait la moindre allusion à lui.

Ce qui préoccupe et tourmente constamment le
paranoïde, c'est généralement tout l'opposé de ce qui
apparaît au premier abord. Il est persécuté parce qu'il
est le centre du monde de n'importe qui, et la pensée

ne le quitte pas qu'il n'occupe jamais la première place dans l'affection de quiconque. Il est souvent porté à la jalousie obsessionnelle, cette jalousie froide que Minkowski (1933) a décrite chez le paranoïde — jalousie sans amour qui se développe dans un espace « vécu » d'une manière foncièrement différente de l'ordinaire. Incapable d'éprouver son importance aux yeux d'un autre, il se crée une place délusionnelle importante *dans le monde d'autrui*. Aux yeux des autres, il vit dans un monde à lui. L'ironie de la chose, c'est qu'elle est à la fois vraie et fausse. En effet, dans un certain sens, il vit beaucoup moins dans son monde à lui qu'à cette place vide dont il suppose qu'il ne l'occupe *pas* dans le monde *des autres*. Il a l'air profondément centré sur lui-même mais plus il paraît égocentrique et plus il essaie de se persuader qu'il est le centre de *leur* monde.

Peter (Laing, 1960) était un jeune homme qu'un sentiment coupable tourmentait *parce qu'*il occupait une place dans le monde, ne serait-ce qu'au sens physique du terme. Il était incapable de réaliser, de considérer comme une chose réelle son droit à la présence aux yeux des autres. Comme il ne pouvait réaliser sa présence effective, il comblait cette lacune dans la réalisation de soi par une expérience fantasmatique qui tendait à devenir de plus en plus délusionnelle.

Son enfance présentait ce trait particulier qu'on ne tenait presque aucun compte de sa présence dans le monde. Ses parents n'attachaient aucune importance au fait qu'il se trouvait dans leur chambre pendant qu'ils faisaient l'amour. On avait pris soin de lui au point de vue matériel, en ce sens qu'il était bien logé et nourri et qu'il ne fut pas séparé physiquement de ses parents pendant ses premières années. Cependant, on l'avait uniformément traité comme s'il n'existait pas « réellement ». Peut-être était-ce pire qu'une séparation physique de se trouver dans la même pièce que ses parents, inaperçu, sans malveillance aucune, simplement par indifférence. En effet, si loin qu'il remontât dans ses souvenirs, il s'était toujours senti mal à l'aise et coupable simplement d'avoir une présence pour les autres, ou de souhaiter en avoir une. Au lieu de ré-aliser le sentiment de sa présence aux yeux des autres, il conçut un sentiment délusionnel de sa présence à autrui. Il croyait que pour faire sentir sa présence, il lui faudrait en venir à de telles extrémités que personne ne voudrait avoir affaire à lui, si bien qu'il finit par centrer sa vie sur le projet de n'être personne.

Dans le cas de cet homme, les souvenirs de la scène primitive et le prototype de situations à trois qui en résulta sur le plan du fantasme n'étaient pas tellement caractérisés par la jalousie et la colère suivies d'un sentiment d'angoisse et de culpabilité, mais bien plutôt par *la honte et le désespoir* qu'il ressentait à l'idée qu'en aucun cas il ne comptait aux yeux de ses parents. Il avait le sentiment d'être, dans leur vie, une pièce supplémentaire de mobilier dont ils prenaient soin comme ils prenaient soin de leurs autres possessions matérielles.

Peter, *p,* n'avait, à ses propres yeux, aucune place dans le monde, pas plus qu'il ne croyait avoir une place dans le monde d'*o.* Schématiquement, la situation se présentait comme suit : la façon dont *p* voit la façon dont *o* le voit, c'est que *o* ne le voit pas. Ces trous dans le tissu existentiel de son identité font que *p* se construit une présence délusionnelle aux yeux de *o*. Il se plaint que les *autres* ne peuvent pas le sentir.

Il est typique du paranoïde qu'il se plaigne de la façon de voir *p* que *p* attribue à *o* : *p → (o → p)*.

L'individu ressent non pas l'absence de la présence de l'autre, mais l'absence de sa propre présence en tant qu'autre pour l'autre. Il est obsédé par l'autre qui n'agit d'aucune manière à son égard, qui n'a envie ni de le séduire, ni de le violer, ni de lui voler quelque chose, ni de l'étouffer, ni de l'avaler ou de le détruire de quelque façon que ce soit. L'autre est là, mais *lui* n'est pas là pour l'autre. Il est inexact de dire qu'il projette sur l'autre sa *propre* avidité. Il n'est pas rare que des personnes de ce genre se sentent *très* avides, ou très avides *et* envieuses. La chose se reproduit à chaque boucle secondaire, tertiaire, quaternaire d'une spirale qui ne *part* pas d'une envie constitutionnelle. Et d'abord, tout le monde est, par constitution, vivant. Je n'ai jamais rencontré quelqu'un qui soit vivant comme le sont toujours la plupart des bébés, du moins pendant les quelques semaines qui suivent la naissance, et qui soit envieux de la vie d'une autre créature. Le bébé qui est vivant est plein de joie de vivre. De par sa constitution, la vie danse avec la vie.

Nous allons examiner à présent quelques exemples de la façon dont les autres détruisent la vie, par leurs paroles et par leurs actes.

Depuis une dizaine d'années, un certain nombre d'études ont été consacrées à cette question. J'examinerai à présent trois d'entre elles.

L'un des premiers apports dans ce domaine, un

article de Searles (1959), « Tentative de provoquer la folie chez l'autre », énumère six méthodes pour rendre l'autre fou : « Chacune de ces techniques tend à miner la confiance qu'a l'autre dans ses propres réactions émotives et dans sa perception personnelle de la réalité. » On peut les formuler comme suit :

1. — *p* attire constamment l'attention sur des zones de la personnalité dont *o* n'a que vaguement conscience, zones où *o* se trouve en très net désaccord avec le genre de personne qu'il ou elle croit être.

2. — *p* excite sexuellement *o* dans une situation où il serait désastreux pour *o* de rechercher le plaisir.

3. — *p* expose *o* simultanément à l'excitation et à la frustration ou à une alternance rapide d'excitations et de frustrations.

4. — *p* s'adresse à *o* simultanément sur des plans qui n'ont aucun rapport entre eux (par exemple, sexuel et intellectuel).

5. — *p* passe, sur le plan émotif, d'une longueur d'ondes à une autre, sans quitter le même sujet (il parle de la même chose tantôt « sérieusement », tantôt « pour rire »).

6. — *p* passe d'un sujet à l'autre en restant sur la même longueur d'ondes émotives (par exemple, une question de vie ou de mort est traitée sur le même ton que l'incident le plus banal).

D'après Searles, « la tentative » de provoquer la folie chez l'autre se fait principalement au niveau de l'inconscient, mais elle n'est qu'un élément d'un complexe de rapports pathogènes que l'un et l'autre participants sont incapables de dominer complètement.

D'une manière générale, « ... instaurer une forme

quelconque d'interaction interpersonnelle qui tend à
activer en les opposant diverses zones de la personnalité — tend à le rendre fou (c'est-à-dire schizophrène) ». A mon sens, cette formulation ne rend
pas compte des données fournies par Searles. Dire
qu'instaurer une forme quelconque d'interaction interpersonnelle qui tend à susciter en l'autre un conflit
émotif tend à le rendre fou n'est pas suffisamment
spécifique. Une personne peut s'y prendre de diverses
manières pour en placer une autre devant deux ou
plusieurs lignes de conduite contradictoires. Suggérer
que le fait de provoquer un conflit est, par définition,
susceptible de désintégrer la personne en qui il se
produit revient à confondre, me semble-t-il, le conflit
susceptible de renforcer l'être d'une personne avec
ce qui peut saboter, détruire le soi, à moins que celui-ci
ne dispose de moyens exceptionnels de faire face.

Les techniques utilisées par Laura pour miner l'assurance du capitaine, dans *Le Père* de Strindberg, sont
convaincantes. Mais elles ne réussissent qu'auprès de
quelqu'un qui ne peut leur opposer qu'une faible
résistance. Ce qui nous amène à étudier les techniques
permettant de surmonter des situations schizogènes
ou d'y résister. Les techniques de lavage de cerveau,
que Searles compare à l'activité schizogène, et les
techniques de résistance au lavage de cerveau n'ont
que peu de rapports avec la question. Ceux qui pra-
tiquent le lavage de cerveau essaient de miner l'idéo-
logie de leurs victimes pour la remplacer par une
autre, ils ne cherchent pas à les rendre folles. S'ils
le font, ils ont manqué leur objectif qui consiste à
remplacer une structure par une autre.

Plus spécifique est l'action interpersonnelle qui tend

à *confondre* ou à *mystifier* (Laing, 1965). Dans ce cas, la personne aura du mal à savoir « qui » elle est, « qui » est l'autre, et quelle est la situation « dans » laquelle ils se trouvent. Elle ne sait plus « où elle en est ».

Tous les exemples donnés par Searles des diverses manières de rendre l'autre fou sont de cet ordre. Citons celui d'un homme qui met constamment en doute « le degré d'adaptation » de la jeune sœur de sa femme, si bien qu'elle devient de plus en plus angoissée. En interrogeant sa belle-sœur, il attire systématiquement l'attention sur des zones de sa personnalité qui ne concordent pas avec la personne qu'elle croit être. Comme les psychothérapeutes font la même chose, la question se pose de savoir quand une telle manœuvre est libératrice et quand elle ne l'est pas.

Il s'agit ici d'un type très important de disjonction interpersonnelle. Le système d'attributions à soi de la belle-sœur, son image de soi ($p \rightarrow p$) est disjonctive de l'idée que l'autre se fait d'elle, telle qu'elle ressort des questions que pose l'homme. Ce genre de disjonction interpersonnelle ne *force* pas nécessairement quelqu'un à se scinder, à moins qu'il se sente obligé de se conformer à l'opinion que l'autre a d'elle, d'adopter la position qui lui est assignée explicitement ou implicitement par l'autre. Si quelqu'un déjà ne sait plus « où il en est », mettre en doute son « degré d'adaptation », qualifier de fausses des actions « adaptées » est extrêmement troublant. Dans d'autres circonstances, cela pourrait contribuer à éclaircir les choses. Le trouble pourrait devenir grave si l'autre à la fois vous « accusait » de n'être pas adapté et « mettait en doute » la validité des actions « adaptées »,

comme pour vous accuser en même temps d'être et
de ne pas être adapté.

Exciter l'autre sexuellement dans un contexte où il
est interdit de satisfaire le désir sexuel ainsi éveillé,
non seulement provoque également un conflit mais
entraîne la confusion, c'est-à-dire *le doute concernant
la manière dont il faut définir la « situation » elle-
même.*

Searles signale que dans d'innombrables cas « on
a observé que l'un des parents d'un schizophrène se
livrait, à l'égard de l'enfant, à d'extraordinaires entreprises de séduction, entretenant ainsi, chez celui-ci,
un conflit intense entre les besoins sexuels d'une part,
et les ripostes normales du surmoi... d'autre part.
Cette circonstance [dit-il] peut être considérée comme
productrice d'un conflit chez l'enfant, entre son désir
de mûrir et d'accomplir son individualité, d'une part,
et, d'autre part, son désir régressif de rester en état
de symbiose infantile avec ce parent, d'y rester même
s'il lui faut investir dans cette situation régressive
jusqu'à son énergie sexuelle, qui constitue son atout
majeur dans le jeu de la réalisation de soi ».

Ici nous avons, semble-t-il, affaire une fois de plus
à une sorte particulière de disjonction, où la personne
ne peut pas discerner clairement les « vrais » problèmes qui se posent à elle. Pour l'enfant, le problème
peut être : Est-ce que j'aime ou non mon père ou
ma mère ? Que dois-je faire pour qu'il ou qu'elle
vive ? Suis-je égoïste si je ne réponds pas à leur
façon de m'aimer ? Suis-je ingrat si je ne fais pas ce
qu'ils attendent de moi ? Les problèmes « réels »
peuvent être *non réalisés.* Le choix réel et fonda-
mental qui se pose à lui peut être soit d' « être lui-

même » moyennant la perte de ses rapports symbio-
tiques avec le parent en question, soit de préserver
la symbiose moyennant la perte de son autonomie.
La question est nette. Mais il est rare qu'elle soit
nettement comprise. Elle est généralement voilée par
le système de fantasmes qu'on partage avec la famille.
Ce système de fantasmes, son contenu et sa modalité
de fantasme sont souvent évidents aux yeux d'un
étranger attentif. Le contenu du fantasme est souvent
connu en partie des participants. Ce dont ils ne *se
rendent compte* que rarement, c'est que sa *modalité*
est celle du fantasme. Une mère dit à sa fille qui,
confiant ses ennuis à son institutrice, a pour la première fois de sa vie parlé d'elle-même à quelqu'un
d'autre que sa mère : « Tu vas voir dans quel pétrin
tu vas te trouver si tu parles de ces choses à des
étrangers. Personne ne t'aime comme moi — personne ne te comprend comme moi. » La fille finit
par croire qu'il n'y avait pas une personne au monde,
à part sa mère, qui ne fût un étranger, et que toute
relation avec des étrangers, y compris son père, était
grosse de dangers. La fille ne pouvait se permettre
de perdre cette relation avec sa mère parce qu'elle
croyait, et sentait, qu'aucun lien avec n'importe qui
d'autre n'était sûr. Elle partageait avec sa mère la
conviction que toute intention de rompre le lien avec
sa mère était une manifestation d'égoïsme et d'ingratitude de sa part, à cause de tout ce que sa mère
lui avait donné.

Le traitement de ce genre de cas demande que les
diverses convictions soient examinées en fonction de
systèmes communs de fantasmes. La disjonction doit
être *vue*. Quand on l'aura vue et envisagée pour la

première fois, la confusion se transformera en conflit.
Cela implique qu'on se délivre d'une terreur fantasmatique commune de la séparation. L'acte de partir
est ressenti comme un suicide, un meurtre, ou les
deux. Quand on dégage le fantasme parental de l'expérience du patient, celui-ci évite ce risque particulier
de psychose. Le vrai conflit contribue à éclaircir les
choses. Le faux conflit ne fait que les embrouiller.
Quand le « problème » est faux et embrouillé, le
conflit « réel » ou « vrai » ne peut pas apparaître,
les « véritables » choix sont hors de portée, et la
personne est menacée de psychose.

Exciter simultanément, ou dans une rapide alternance, d'autres besoins en plus des besoins sexuels,
exploiter la complaisance naturelle de l'enfant à
l'égard de son père ou de sa mère en faisant constamment appel à sa compassion, pratiquer la relation
à l'autre sur deux plans à la fois sont des exemples
de confusion. Pierre confond Paul en se trompant
sur sa personne et sur la « situation » où il est placé.

Dans une *situation intenable*, peu importe ce qu'il
ressent ou comment il agit, ou le sens que peut avoir
la situation, ses sentiments sont dénués de validité,
ses actes dépouillés de leurs mobiles, intentions et
conséquences, la situation dépourvue de son sens. Il
se peut qu'il n'y ait là aucun fait exprès, que ce ne
soit qu'un sous-produit de la tromperie qu'exerce chacun à l'égard de soi. Ceux qui se trompent eux-mêmes
sont obligés de tromper les autres. Il m'est impossible
de préserver une fausse image de moi si je ne falsifie
pas votre image de vous-même et de moi. Il faut que
je vous dénigre si vous êtes sincère, que je vous accuse
d'être un fantoche si vous cédez à mes désirs, que

je vous traite d'égoïste si vous suivez votre voie, que je me moque de votre immaturité si vous essayez d'être généreux, et ainsi de suite. Quiconque se trouve pris dans un pareil embrouillamini ne sait plus à quel saint se vouer. Dans ces conditions, ce que nous appelons psychose est peut-être un effort désespéré de se raccrocher à quelque chose. Rien d'étonnant que ce quelque chose soit parfois ce que nous appelons des « délusions ».

Un groupe de chercheurs de Palo Alto a décrit un schème bien connu aujourd'hui sous le nom de situation de « double lien ». La « victime » est prise dans un enchevêtrement d'injonctions paradoxales, ou d'attributions ayant force d'injonctions, où il lui est impossible de se conduire comme il faut.

Leur thèse est formulée de la façon suivante (Bateson et coll., 1956) :

Les éléments nécessaires pour qu'il y ait une situation de double lien telle que nous la concevons sont les suivants :

1. *Deux ou plusieurs personnes.* Pour les besoins de notre définition, nous en désignons une sous le nom de « victime ». Nous considérons non pas que le double lien est infligé seulement par la mère, mais qu'il peut être l'œuvre soit de la mère seule, soit d'une association de la mère, du père et (ou) des autres enfants.

2. *Expérience répétée.* Nous considérons que le double lien est un thème récurrent dans l'expérience de la victime. Notre hypothèse tient compte non pas d'une seule expérience traumatisante mais d'une expérience répétée au point que la structure de double lien devient une chose à quoi l'on s'attend habituellement.

3. *Une injonction négative primaire.* Elle peut se présenter sous deux formes : (*a*) « Ne fais pas telle ou telle chose, sinon je te punirai », ou (*b*) « Si tu ne fais pas telle ou

telle chose, je te punirai. » Nous choisissons ici un contexte
où il s'agit d'apprendre à éviter le châtiment plutôt qu'à
rechercher la récompense. Peut-être aucune raison explicite
ne justifie-t-elle ce choix. Nous considérons que le châtiment peut consister soit à retirer l'amour ou à exprimer la
haine ou la colère — soit, chose plus ravageuse encore —
dans la sorte d'abandon où vous laisse le parent qui s'avoue
complètement impuissant [1].

4. *Une injonction secondaire contrariant la première à
un niveau plus abstrait, et, de même que celle-ci, assortie
d'un châtiment ou de signaux menaçant la survie.* Cette
injonction secondaire est plus difficile à décrire que l'injonction primaire, et cela pour deux raisons. Primo, l'injonction
secondaire est généralement communiquée à l'enfant par des
moyens non verbaux. L'attitude, le geste, le ton de la voix,
l'acte chargé de sens, ainsi que les sous-entendus cachés
sous le commentaire verbal peuvent tous être employés pour
communiquer ce message plus abstrait. Secundo, l'injonction
secondaire peut être en opposition avec un élément quelconque de la première interdiction. C'est pourquoi la verba-
lisation de l'injonction secondaire revêt parfois des formes
très diverses ; par exemple : « Ne prends pas ceci pour une
punition » ; « Ne crois pas que c'est moi qui te punis » ;
« Ne te plie pas à mes interdictions » ; « Ne pense pas à
ce que tu ne dois pas faire » ; « Ne doute pas de mon
amour dont l'interdiction primaire est (ou n'est pas) une
preuve », et ainsi de suite. D'autres cas peuvent se présenter
quand le double lien est imposé par deux individus au lieu
d'un. Par exemple, il arrive que l'un des parents nie, sur le
plan plus abstrait, les injonctions de l'autre.

5. *Une injonction négative tertiaire empêchant la victime
de prendre le large.* D'un point de vue formel, il est peut-
être superflu de classer cette injonction séparément puisque
la mise en œuvre des deux autres représente une menace

1. Les auteurs ajoutent en note que leur conception du châtiment s'est nuancée. Elle comprend, semble-t-il, l'expérience
perceptive dans un sens que ne couvre pas la notion de « traumatisme ». Voir, en particulier, Jackson (1957) à propos de
l'évolution du concept de « traumatisme voilé ».

pour la survie, et si les doubles liens sont imposés dans la petite enfance, il est évidemment impossible d'y échapper. Il semble toutefois que, dans certains cas, l'on vous empêche de prendre le large par des moyens qui ne sont pas purement négatifs, par exemple de fantasques promesses d'amour, et autres.

6. Finalement, il n'est plus nécessaire que tous ces éléments soient réunis quand la victime a appris à percevoir son univers en schèmes de doubles liens. Parfois, n'importe quel élément d'une série de doubles liens suffit alors à déclencher la panique ou la rage. Le système d'injonctions contradictoires peut même être repris par des voix hallucinatoires.

Le double lien met en jeu deux ou plusieurs personnes dont l'une est considérée comme la « victime ». Bateson et ses collaborateurs sont d'avis que quelqu'un qui a dû subir à maintes et maintes reprises ce genre de situation aura des difficultés à rester sain d'esprit, et avancent l'hypothèse « qu'il y aura effondrement, chez *n'importe quel* individu, de la capacité d'établir une distinction entre les types logiques chaque fois que se produit une situation de double lien » (les italiques sont de moi).

Quelqu'un donne à entendre à quelqu'un d'autre qu'il doit faire une chose, et en même temps, à un autre niveau, lui fait comprendre qu'il ne doit pas la faire, ou qu'il doit faire une autre chose incompatible avec la première. La situation est réglée, pour la victime, par une injonction supplémentaire lui interdisant de sortir de la situation ou de la dénouer en la commentant. La « victime » se trouve donc dans une situation « intenable ». Elle ne peut faire un geste sans attirer la catastrophe. Par exemple :

Une mère rend visite à son fils qui vient de se

remettre d'un accès psychotique[1]. Comme il s'approche d'elle :

a) Elle ouvre les bras pour qu'il l'embrasse, et (ou)
b) pour l'embrasser.
c) Comme il se rapproche, elle se raidit et se fige.
d) Il s'arrête, indécis.
e) Elle dit : « Tu ne veux pas embrasser ta maman ? » et, comme il ne bouge pas, hésitant encore,
f) elle dit : « Mais, mon chéri, tu ne dois pas avoir peur de tes sentiments. »

Il répond à son invite à l'embrasser, mais l'attitude qu'elle prend, figée, tendue, lui dit en même temps de ne pas le faire. La mère ne peut pas reconnaître ouvertement qu'elle a peur d'avoir une relation étroite avec son fils, ou qu'elle a une autre raison de ne pas vouloir vraiment qu'il fasse ce qu'elle l'invite à faire, mais ils n'en parlent ni l'un ni l'autre. Il répond au message « tacite », non dit : « Bien que j'ouvre les bras pour que tu viennes m'embrasser, en vérité j'ai peur que tu ne le fasses, mais je ne puis ni te l'avouer ni me l'avouer à moi-même, donc j'espère que tu seras trop " malade " pour le faire. » Mais ensuite elle lui fait savoir qu'elle a tout simplement envie

---

1. Ce passage est une version légèrement modifiée et abrégée d'un exemple cité dans l'article qui nous intéresse. L'on remarquera que l'analyse de l'interaction est incomplète puisque la description de la situation donnée ne comprend aucune observation sur les moyens que le patient a pu employer pour provoquer chez sa mère un comportement de double lien. Par exemple, entre les phases (*b*) et (*c*), ci-dessus, le patient, en s'approchant de sa mère, a peut-être réussi, par des nuances infimes de son expression ou de sa démarche, à communiquer à sa mère *sa propre* crainte d'un contact avec elle, si bien qu'elle s'est raidie.

qu'il l'embrasse, et sous-entend que s'il ne l'embrasse pas, ce n'est pas parce qu'il a perçu son angoisse à l'idée qu'il pourrait le faire, ou son ordre de s'en abstenir, c'est parce qu'il ne l'aime pas. Comme il ne répond pas, elle sous-entend que la raison pour laquelle il ne l'a pas embrassée, c'est qu'il a peur de la sexualité ou de l'agressivité qui marque les sentiments qu'il éprouve pour elle. Elle lui donne effectivement à entendre : « Ne m'embrasse pas, sinon je te punirai », *et* « Si tu ne le fais pas, je te punirai ». La punition elle-même sera un secret.

Nous avons ici un exemple de ce qui est, superficiellement, un simple incident. Il est vraisemblable qu'une personne exposée, depuis sa naissance, à des situations de ce genre fera difficilement la distinction entre les plans différents. Les stratégies qu'on peut envisager pour surmonter la situation intenable qu'en déduisent Bateson et ses collègues correspond aux types de comportement cliniquement identifiés sous le terme de schizophrénie.

Peut-être est-il nécessaire d'insister sur le fait que nous ne nous proposons pas de peser le pour et le contre des relations réelles, mais que nous essayons d'expliquer certains types possibles de relations disjonctives. *Nous essayons de décrire comment une personne ou un « nexus » de personnes peut ou peuvent se conduire à l'égard de quelqu'un d'autre.* La façon dont les gens « agissent » les uns « envers » les autres peut n'avoir pas grand-chose à voir avec les mobiles ou les intentions, ou avec l'effet réel sur autrui. Nous nous bornons presque toujours à présenter les rapports sous une forme dyadique alors que, dans la vie réelle, au moins trois personnes (*sic* : Weakland,

1960) seront sans doute en cause. Chaque chose en son temps.

Il ne faut pas oublier que l'enfant met parfois ses parents dans des situations intenables. Le bébé ne peut pas être satisfait. Il crie « pour avoir » le sein. Il crie quand on le lui présente. Il crie quand on le lui retire. Ne sachant pas « s'y prendre » ou « en venir à bout », la mère est prise d'une angoisse intense, elle se désespère. En un sens, elle s'éloigne du bébé et, dans l'autre, elle pèche par excès de sollicitude. Les doubles liens peuvent agir dans les deux sens.

L'hypothèse du double lien renferme plusieurs sous-hypothèses dont certaines paraissent plus justes que d'autres. Une certaine théorie des « modes de communication » est formulée en fonction de types logiques. Il n'est pas sûr que la théorie des types logiques, qui apparaît dans la construction d'un calcul des propositions, puisse être appliquée directement à la communication. Certes, semblables « modes de communication » se présentent souvent dans des familles de schizophrènes. Mais on ne sait pas encore de façon certaine dans quelle mesure et sous quelle forme les doubles liens existent dans d'autres familles.

Cependant les travaux du groupe de Palo Alto, de celui de Bethesda-Harvard, ainsi que d'autres études ont *révolutionné* la conception de ce qu'on appelle l' « environnement » et rendu désuètes la plupart des discussions antérieures sur les rapports que peut avoir l' « environnement » avec les origines de la schizophrénie.

Il serait intéressant de voir si l'on peut rattacher ce type de théorie aux théories biologiques récentes.

Un enfant fuit le danger. En fuyant le danger il court vers sa mère. A un certain stade la fuite vers la mère et le fait de se raccrocher à elle peuvent constituer un schème prédominant de comportement en réaction au danger. Il se peut que « fuir » et « se raccrocher » à la mère forment un composé de systèmes de réactions pulsionnelles de l'enfant qui, à certains stades, ne peut être modifié que de façon limitée.

Imaginons une situation où, pour une raison quelconque, la mère elle-même est l'objet qui sécrète le danger. Si cela arrive quand la réaction prédominante au danger consiste à « fuir » *loin du* danger *vers* la mère, l'enfant va-t-il courir *pour s'éloigner* du danger ou *pour se rapprocher* de la mère ? Y a-t-il une chose qu'il « convienne » de faire ? Supposons qu'il s'accroche à la mère. Plus il s'accroche, plus la mère est tendue ; plus elle est tendue, plus elle serre l'enfant contre elle ; plus elle serre l'enfant, plus il a peur ; plus il a peur, plus il s'accroche.

C'est ainsi que beaucoup de gens décrivent l'expérience de leur incapacité à quitter « la maison », à quitter l'autre personne ou le nexus de personnes qui faisaient primitivement partie de leur vie. Ils sentent que leur mère ou leur famille les étouffe. Ils ont peur et ils ont envie de se sauver. Mais plus ils ont peur, plus leur famille est effrayée et devient effrayante. Ils cherchent la sécurité en s'accrochant à ce qui les effraie comme quelqu'un qui, ayant posé la main sur une assiette brûlante, l'appuie plus fort au lieu de la retirer ; ou comme quelqu'un qui mettant le pied dans l'autobus au moment même où il démarre, s'accroche « instinctivement » à l'autobus, objet le

plus proche et le plus dangereux, alors que la conduite
« raisonnable » consiste à lâcher prise.

Une patiente de dix-sept ans, Cathy, était engagée
dans une lutte pour quitter ses parents. Comme elle
ne pouvait pas y arriver dans les faits, elle contracta
une psychose maniaque qui lui faisait « quitter » ses
parents d'une manière psychotique en disant qu'ils
n'étaient pas ses vrais parents. Internée dans un hôpital psychiatrique, elle faisait constamment des fugues
pour retourner à la maison où elle débarquait à n'importe quelle heure du jour ou de la nuit et d'où il
fallait à nouveau l'emmener. En effet, elle n'était pas
plus tôt arrivée chez elle qu'elle criait sur tous les
tons que ses parents ne la laissaient pas vivre sa vie,
qu'ils la dominaient par tous les moyens possibles.
Entre-temps, à l'hôpital, on mettait tout en œuvre
pour qu'elle eût la possibilité de vivre à l'extérieur
et ailleurs que chez ses parents. La seule raison pour
laquelle elle était internée, c'était le dérangement
qu'elle causait quand elle rentrait chez elle.

Pendant son séjour à l'hôpital, elle prit l'habitude
de me voir tous les jours. Loin d'éprouver le sentiment
que je pourrais l'aider à conquérir sa liberté, ou de
profiter des occasions qui lui étaient offertes, elle ne
tarda pas à m'attribuer le même délire de puissance
poussant à la dominer et à la détruire que celui qu'elle
attribuait à ses parents. Mais elle ne m'évitait pas.
Au contraire, afin de faire triompher son point de
vue, elle me suivait partout en criant que je ne voulais
pas la laisser en paix. Un jour, une patiente de
Whitehorn (1958) lui saisit le pouce et, tout en le
serrant comme dans un étau, elle criait : « Lâchez
ma main, espèce de brute ! »

Au cours de sa psychose de transfert, Cathy fit le rêve suivant : « Je m'enfuis de l'hôpital et cours de toutes mes forces, mais l'hôpital, où vous êtes, est un gigantesque aimant. Plus j'essaie de fuir et plus je suis attirée vers lui. » Ce phénomène présente une analogie avec un phénomène hypnotique bien connu.

Il se peut qu'il existe un « tropisme » pulsionnel vers la mère qui ne rencontre pas en elle de réponse définitive adéquate. Si Bowlby (1958) et d'autres ne se trompent pas, quand, chez l'être humain, un système de réactions pulsionnelles ne rencontre pas chez autrui une réponse définitive adéquate, l'angoisse apparaît. Toutefois si, à un certain stade, la réaction pulsionnelle à l'angoisse consiste à s'accrocher à la mère, plus grande est l'angoisse suscitée par le défaut de réponse définitive adéquate de la part de la mère, qui se traduit par une réaction des plus « déroutantes », sourire sur un visage crispé, bras ballants, mains serrées, voix stridente, et plus le « besoin » de la mère est stimulé.

Il arrive que quelque chose ne « colle » pas dans l'interaction de la mère et de l'enfant, si bien que, dans ce contexte, chacun commence à « doublement lier » l'autre. Il est possible que la réaction pulsionnelle soit génétiquement destinée à ne pas prendre fin même s'il y a réponse définitive, mais qu'elle continue comme un apprenti sorcier incapable de rompre son propre charme. Un attachement intense et prolongé peut éveiller un comportement de « double lien apparent » de la part de la mère. A la fois stimulée et épuisée par cet attachement, souhaitant que l'enfant continue et qu'il renonce, elle a une conduite ambivalente. Qui peut, à son tour, être source de troubles au second degré chez l'enfant cessant alors complètement de réagir à l'égard de la mère, ou se mettant à réagir de manières simultanément contradictoires, ou d'une seule manière stéréotypée. Mais la spéculation, parfois, prend trop d'avance sur l'information. Ce champ de recherches est ouvert mais curieusement peu cultivé, sauf par quelques-uns.

CHAPITRE X

Attributions et injonctions

Les attributs que l'on prête à un individu le définissent et le situent dans une position particulière. En lui assignant une position particulière, les attributions le « mettent à sa place », elles ont par conséquent force d'injonctions.

Les attributions de Pierre à Paul peuvent être conjonctives ou disjonctives des attributions que Paul se fait à lui-même. Voici un cas simple d'attributions disjonctives : Pierre fait une remarque au sujet de la relation entre Paul et ses déclarations, avec laquelle Paul n'est pas d'accord.

PIERRE : Tu mens.

PAUL : Non, je dis la vérité.

Certaines attributions peuvent être vérifiées par un accord de validation mais quantité de choses que Paul attribue à Pierre ne peuvent être vérifiées par celui-ci, surtout si Pierre est un enfant. Telles sont les attributions *globales* du genre : « Tu es un bon à rien », « Tu es gentil ». Celui qui reçoit ces attributions ne *peut* d'aucune manière les réfuter lui-même, à moins d'établir à quel titre[1] cette personne joue le rôle d'arbitre en la matière.

Ce que d'autres attribuent implicitement ou explicitement à Pierre a forcément une influence déterminante sur ce que Pierre pensera de sa propre capacité d'agir, de ses perceptions, de ses mobiles, de ses intentions, bref, de son identité.

Stephen perdit toute notion de ce qu'étaient ses mobiles et ses intentions pendant une période de sa vie où il vécut avec sa mère devenue « paranoïde ». Elle introduisait des mobiles et des intentions dans des actes qui, pour lui, ne les comportaient nullement au départ. Finalement, ses « propres » mobiles et intentions se trouvèrent mêlés à ceux qu'on lui attribuait. S'il se faisait une coupure au doigt, il savait que sa mère dirait qu'il l'avait fait exprès pour la rendre malade et, sachant qu'elle allait l'interpréter ainsi, il était amené à se demander s'il n'en avait pas eu réellement l'intention. Dès lors il ne put plus s'empêcher de douter de ses « mobiles », ne serait-ce que quand il avait mis une cravate qui lui plaisait mais qui « contrariait » sa mère. « Tu l'as mise pour me contrarier — tu *sais* que je n'aime pas ce genre de cravates. »

Dans la zone de disjonction entre les « propres » intentions de la personne et celles qui lui sont attribuées par autrui, la question se pose de savoir qui dissimule, trompe l'autre ou soi-même, équivoque, ment ou dit vrai. Une grande partie de la honte ou des sentiments de culpabilité peut se comprendre

1. On trouve une analyse brillante et nullement malicieuse de la psychanalyse, en tant qu'art de dominer le jeu, dans l'ouvrage de Haley (1958 *a*). Voir aussi Haley (1958 *b*).

en fonction de ces désaccords sur ce qu'est, par exemple, un imposteur, quelqu'un qui fait du chiqué. Le vrai sentiment coupable est celui qu'on éprouve par rapport au devoir qu'on a envers soi d'être soi-même, de s'actualiser. La fausse culpabilité provient de ce qu'on n'est pas ce que d'autres personnes pensent qu'on devrait être ou considèrent qu'on est.

C'est une performance que de se rendre compte qu'on n'est pas nécessairement celui pour qui on vous prend. Cette conscience du décalage entre l'identité-du-soi, l'être-pour-soi et l'être-pour-autrui est douloureuse. L'on a une forte propension à éprouver un sentiment de culpabilité, d'angoisse, de colère ou de doute si ce que l'on s'attribue à soi-même contredit ce qui vous est attribué par autrui, particulièrement si ces attributions prennent couleur d'injonctions.

La mère de Joan lui envoya une blouse pour son anniversaire de vingt ans. Cette blouse présentait des caractéristiques intéressantes. Elle était trop grande de deux tailles. Ce n'était pas le genre de blouse que Joan aurait choisie. Elle était très quelconque. Elle était trop chère pour la bourse de sa mère. On ne pouvait pas l'échanger dans le magasin où elle l'avait achetée. On aurait pu s'attendre à ce que Joan fût déçue ou furieuse. Au lieu de cela, elle se sentit honteuse et coupable. Elle était complètement désemparée parce qu'*elle* n'avait pas la taille convenant à la blouse. C'est elle qui aurait dû convenir à la blouse et non pas la blouse qui aurait dû lui aller. Elle aurait dû pouvoir la trouver jolie. Elle aurait dû correspondre à l'idée que sa mère se faisait d'elle. En l'occurrence, la mère confirmait, pour sa fille, le fait que celle-ci avait un corps pourvu de seins, mais n'acceptait pas ce corps tel qu'il était. Pendant l'adolescence de Joan, sa mère faisait souvent des remarques du genre : « Alors, tes nichons, ça pousse, ma chérie ? » Quand sa mère lui parlait ainsi, Joan avait l'impression que son corps se démantelait. Le fait de lui offrir une blouse neutre et trop grande pour elle était ambigu et déroutant. Cette jeune fille était physiquement bloquée, elle n'osait pas être vivante et séduisante si sa mère disait effectivement qu'elle ne l'était pas. Par sa laideur, la blouse sous-entendait l'attribution suivante : « Tu es une jeune femme laide. » Cette attribution impliquait une injonction : « Sois laide. » En même temps on se moquait de sa laideur. Joan finit par porter la blouse, avec un sentiment d'impuissance, de désarroi et de désespoir.

Les attributions facilitent ou entravent le développement d'un sentiment acceptable de soi. Considérons les variations suivantes sur l'un des principaux thèmes de l'enfance.

Un petit garçon sort de l'école et court à la rencontre de sa mère.

1. Il se jette dans ses bras et la serre contre lui. Elle lui rend son étreinte en disant : « Tu aimes ta maman ? » et il se serre encore plus fort contre elle.

2. Il sort en courant de l'école ; sa maman ouvre les bras pour l'embrasser, mais il s'écarte. Elle dit : « Tu n'aimes pas ta maman ? » Il dit : « Non. » Elle reprend : « Bien, bien, rentrons à la maison. »

3. Il sort de l'école en courant ; sa mère ouvre les bras pour l'embrasser, mais il a un mouvement de recul. Elle dit : « Tu n'aimes pas ta maman ? »

Il dit : « Non. » Elle le gifle et lui dit : « Pas d'insolence. »

4. Il sort de l'école en courant ; sa mère ouvre les bras pour l'embrasser ; il reste un peu à distance. Elle dit : « Tu n'aimes pas ta maman ? » Il dit : « Non. » Elle dit : « Mais Maman sait bien que si, mon chéri », et elle le serre sur son cœur.

Dans l'exemple 1, en l'absence d'ambiguïtés cachées, il y a confirmation et conjonction réciproques. Dans l'exemple 2, l'invite de la mère à l'enfant est repoussée. Il se peut que la question soit ambiguë, enjôleuse, destinée à éprouver les sentiments de son fils. Elle donne à entendre qu'il éprouve des sentiments à son égard et les connaît, mais qu'elle ne sait pas « à quoi s'en tenir ». Il lui dit qu'il ne l'aime pas. Elle ne le conteste pas et ne rejette pas l'enfant. Va-t-elle le « laisser aller » ou « laisser tomber » ? ou trouver un moyen de le punir ou de se venger, affecter l'indifférence ou chercher des moyens de le ramener à elle, et ainsi de suite ? Il peut se passer un certain temps avant qu'il sache à quoi s'en tenir avec elle.

Dans l'exemple 3, l'enfant est de nouveau traité comme un être séparé. Non que ses actes et témoignages soient invalidés, mais il existe manifestement des règles fixant ce qu'il faut dire en telle ou telle occasion. On lui enseigne qu'il vaut mieux parfois être poli ou respectueux qu' « insolent », même si l'insolence est honnête. Il sait immédiatement où il en est. Si la gifle n'est pas suivie de manœuvres plus compliquées, le choix qui s'offre à lui est bien défini. Fais attention à ce que tu dis, sinon tu t'attireras des ennuis. Il se peut qu'il sache que sa mère, bien qu'elle l'ait giflé pour « insolence », est blessée et furieuse. Il sait que ce qu'il dit compte pour elle, et que s'il la blesse, elle ne fait pas peser sur lui la culpabilité par d'équivoques appels au remords.

Dans l'exemple 4, la mère est *insensible* à ce qu'il affirme éprouver et riposte en lui attribuant des sentiments qui annulent le témoignage de l'enfant. Cette forme d'attribution rend irréels des sentiments que la « victime » ressent comme réels. Ce qui est une manière d'abolir la vraie disjonction et de créer une conjonction fausse.

Voici quelques exemples d'attributions de ce genre :

« Tu dis cela, mais je sais bien que tu ne le penses pas. »

« Tu crois peut-être que tu le penses, mais je sais que tu ne le penses pas vraiment. »

A son fils que l'on tourmentait en classe et qui suppliait qu'on le retirât de l'école, son père répondit : « Je sais que tu n'as pas vraiment envie de t'en aller : mon fils ne saurait être un lâche. »

Quelqu'un qui est exposé à ce genre d'attributions éprouvera des difficultés à connaître ses intentions ou ses sentiments, à moins d'être sûr de son fait. Sinon, il se peut qu'il ne sache plus s'il éprouve tel ou tel sentiment, ou comment définir ce qu'il fait.

La mère de Stephen l'accusait quand c'était *elle* qui commettait une maladresse. Un jour elle entra en coup de vent dans la chambre où il se trouvait et le frappa. Elle venait de casser une assiette. Voici quel avait été son raisonnement : elle avait cassé l'assiette parce qu'elle se faisait du mauvais sang au sujet de Stephen, donc il lui causait du souci, donc c'était lui qui lui avait fait casser l'assiette.

Quand il était malade, sa mère mettait un certain temps à lui pardonner parce qu'il « faisait cela », être malade, pour la tracasser. Finalement, presque tout ce qu'il faisait était interprété comme un effort en vue de la rendre folle. Arrivé à l'adolescence, il n'avait aucun repère lui permettant de savoir où commençaient et où s'arrêtaient ses responsabilités, son effet, son influence, son pouvoir.

Quel effet une personne *peut*-elle faire sur une autre ? Socrate disait qu'on ne pouvait pas faire de mal à un homme de bien. Hitler a dit, paraît-il, que s'il lui était arrivé de priver les gens de leur liberté, il ne leur avait jamais ôté l'indépendance. L'on peut en conclure qu'un prisonnier en cage conserve son « indépendance » tout en ayant perdu sa liberté. Je puis agir de manière à déterminer la situation dans laquelle l'autre doit agir, mais puis-je faire davantage ? Si l'autre me dit : « Tu me brises le cœur », suis-je, en un sens quelconque, en train de lui « faire » cela ? Jack agit d'une certaine manière et Jill dit : « Tu me rends folle. » Chacun sait par expérience que nous agissons les uns sur les autres. Où traçons-nous la limite ? en fonction de quels critères ?

Jack est le flirt de Jill. Elle sort avec Tom. Jack dit qu'elle le tourmente. Il est tourmenté « par » ce qu'elle fait, mais il se peut qu'elle soit sortie avec Tom sans aucune intention de tourmenter Jack. Si c'est le cas, on aurait tort de dire qu'elle le tourmente. Supposons à présent qu'elle ait bien eu l'intention de le tourmenter. Est-elle vraiment en train de le tourmenter au cas où : 1) elle a l'intention de le

tourmenter et soit il n'est pas tourmenté, soit il l'est ;
2) elle n'a pas l'intention de le tourmenter et soit
il n'est pas lui-même tourmenté, soit il l'est. Quand
Lear invite Cordelia à lui dire les choses dont elle
sait qu'elles le rendront heureux et qu'elle refuse,
est-elle cruelle de savoir qu'il sera blessé par ce qu'elle
dit ? Dans quel sens fais-je à autrui ce qu'autrui dit
que je lui fais, si je fais ce que je veux dans d'autres
intentions, sachant que l' « effet » de mon action
sur lui ne correspondra pas à mes intentions, parce
que c'est *lui* qui le dit ?

En maintes occasions on apprend à un enfant ce
qu'il est, en lui disant ce que ses actes « signifient »
d'après leur « effet » sur les autres.

Un garçon de huit ans, qui vivait chez lui, avait un
grand frère pensionnaire, de beaucoup le préféré de
ses parents, et qui devait rentrer à la maison pour
les vacances. L'enfant rêva à plusieurs reprises que
son frère était écrasé par une voiture ou par un
camion sur le chemin du retour. Quand il le raconta
à son père, celui-ci lui dit que cela montrait combien
il aimait son frère puisqu'il se faisait tant de soucis
pour sa sécurité. Il persistait à attribuer à l'amour
les réactions du cadet à l'égard de l'aîné, alors qu'aux
yeux de bien des gens, elles eussent été plutôt une
preuve du contraire.

L'enfant « croyait » son père quand celui-ci lui
disait qu'il « aimait » son grand frère.

Les attributions jouent dans les deux sens. L'enfant
attribue le bien et le mal, l'amour et la haine à ses
parents, et leur communique la façon dont il les
éprouve. A quelles attributions les parents réagis-
sent-ils, qu'est-ce qui les met en colère, les flatte ou

les amuse ? Quelles contre-attributions en sont la conséquence ? L' « insolence » est souvent attribuée à l'enfant qui attribue à ses parents quelque chose qui ne leur plaît pas.

Des attributions simultanées et contradictoires contiennent parfois des injonctions cachées. A l'âge de quatorze ans, Margaret[1] avait, pour sa mère, deux noms différents : un nom ancien, « Maggie », et un nouveau, « Margaret ». « Maggie » signifiait qu'elle était et resterait toujours un bébé qui devait faire ce que lui disait sa maman. « Margaret » signifiait qu'à présent elle était une grande fille qui devait avoir des flirts et ne pas rester accrochée aux jupes de sa mère. Un jour, en fin d'après-midi, alors que la fille bavardait devant la porte avec des amis de son âge, sa mère lui cria par la fenêtre : « Margaret, monte immédiatement. » La fille en fut bouleversée. Il lui sembla que toutes ses forces l'abandonnaient et elle fondit en larmes. Elle ne savait pas ce qu'on attendait d'elle. « Margaret » correspondait à un rôle d'adulte ou, au moins, d'adolescente. Ce nom lui enjoignait d'avoir une conduite indépendante. Mais la phrase suivante la définissait comme une petite fille, « Maggie ». En tant que Maggie, elle était censée faire ce qu'on lui disait sans réfléchir ni discuter. Ses forces l'abandonnèrent parce qu'elle n'avait pas les ressources « intérieures » lui permettant de faire face à cette obligation d'être Margaret et Maggie à la fois

Il existe de nombreuses façons d'annuler ou de saboter les actions d'autrui. On peut les considérer comme méchantes ou folles, les accepter dans un sens

---

1. Cet exemple m'a été communiqué par le Dr A. Esterson.

non conforme aux intentions de leur auteur en rejetant le sens que celui-ci leur donne. On peut les traiter comme de simples *ré*actions, chez l'autre, à l'égard de la personne qui est leur auteur « réel » ou « vrai », comme un maillon, en quelque sorte, dans une chaîne de causes et d'effets dont l'origine ne se trouve pas dans l'individu. Il se peut que Jack soit incapable de percevoir l'altérité de Jill. Peut-être s'attend-il à ce que Jill l'admire ou lui soit reconnaissante en découvrant que c'est à lui qu'elle doit jusqu'à sa capacité d'agir. Plus Jill agit librement en apparence, plus elle opère, dirait-on, en vertu de la grâce et de la faveur de Jack. Si la chose arrive entre parents et enfants, une étrange spirale se dessine : mieux l'enfant réussit, plus on lui a donné et plus il devrait être reconnaissant.

Ne fais pas ce qu'on te dit. La personne à qui l'on ordonne d'être spontanée se trouve dans une situation fausse et intenable. Jill essaie d'obéir en faisant ce qu'on attend d'elle. Mais on l'accuse d'être malhonnête en ne faisant pas ce qu'elle a vraiment envie de faire. Si elle dit ce dont elle a vraiment envie, on lui reproche d'être pervertie, ou tordue, ou de ne pas savoir ce qu'elle veut.

Une femme peintre, qui avait réussi dans sa carrière, était très habile dans le genre du portrait ressemblant, mais n'arrivait pas à faire de la peinture abstraite. Elle se rappelait qu'étant enfant, elle s'amusait à faire des barbouillages en noir. Sa mère, qui peignait aussi, mais des bouquets de fleurs et autres choses dans le genre sucré, prônait la « libre expression ». Jamais elle ne défendait à sa fille de barbouiller, mais elle lui disait : « Non, ceci n'est pas *toi.* » Ce qui faisait à l'enfant un effet épouvantable. Une impression de vide intérieur, accompagnée de honte et de colère. Elle apprit par la suite à peindre et à dessiner ce dont on lui disait que c'était « elle ». Quand elle se rappela la violence des sentiments qu'avaient éveillés en elle ces premiers dessins avec lesquels elle avait perdu tout contact sans toutefois les oublier tout à fait, elle se remit, après plus de trente ans, à ses barbouillages noirs. C'est alors seulement qu'elle comprit vraiment à quel point toute sa vie avait été vide, déviée. Elle éprouva ce qu'elle appelait une « honte purifiante » d'avoir trahi ses sentiments les plus vrais. Honte pure qu'elle opposait, dans les termes les plus vigoureux, à la « vacuité honteuse » qu'elle avait ressentie quand on lui avait dit que ses barbouillages n'étaient pas vraiment « elle ».

Certaines personnes ont incontestablement une aptitude remarquable à tenir autrui ligoté dans des nœuds. Il y a ceux qui excellent à les nouer et ceux qui excellent à s'y laisser entortiller. Souvent ni le ligoteur ni le ligoté ne savent comment cela se fait, ou n'ont même conscience que la chose est en train de se faire. L'on est frappé de constater à quel point il est difficile, pour les parties en cause, de voir ce qui se passe. N'oublions pas que le fait de ne pas voir qu'il y a un nœud fait partie du nœud.

Jill se plaignait constamment de ce que Jack, son mari, ne l'avait jamais « laissée agir à sa guise ». Il ne comprenait pas pourquoi Jill était exaspérée, car il avait pour principe qu'elle ne pouvait rien faire qu'il ne voulût pas, puisque tout ce qu'elle faisait, il le voulait parce qu'il l'aimait.

Le même assemblage de paroles, grognements, gémissements, sourires, moues, gestes peut fonctionner de diverses manières selon le contexte. Mais qui « définit » le contexte ? Les mêmes formules peuvent être utilisées pour constater un fait, accuser, enjoindre, qualifier, plaisanter, menacer.

Jack dit à Jill : « Le temps est à la pluie. » Cette déclaration peut avoir des intentions diverses :

1. Simplement enregistrer et communiquer le fait que le temps est à la pluie.

2. Il se peut qu'hier Jack ait accepté à contrecœur de faire une promenade avec Jill au lieu d'aller au cinéma. En déclarant maintenant que le temps est à la pluie, il dit en réalité : « Dieu merci, nous n'irons pas nous promener. Je pourrai sans doute aller voir mon film. »

3. Jack pourrait sous-entendre : « Comme le temps est à la pluie, je crois que tu ferais mieux de ne pas sortir » ; ou : « Tu n'as peut-être pas envie de sortir (je l'espère) puisqu'il pleut » ; ou : « Je me sens déprimé. Je n'ai pas envie de sortir mais, si tu insistes, il faudra bien que je le fasse. »

4. Il se peut que Jack et Jill aient eu une discussion, hier, au sujet du temps qu'il ferait. Dans ce cas, la remarque reviendrait à dire : « Tu as encore raison », ou : « Tu sais bien que je ne me trompe jamais. »

5. Peut-être la fenêtre est-elle ouverte, auquel cas Jack pourrait donner à entendre qu'il voudrait que Jill ferme la fenêtre, etc.

Ces multiples ambiguïtés possibles sont caractéristiques du discours ordinaire. La simple phrase qui précède, au sujet du « temps », pouvait sous-entendre une question, un reproche, une injonction, une attribution au sujet de soi-même ou d'autrui, etc. Dans une conversation « franche », ces ambiguïtés sont présentes, mais certains sous-entendus peuvent être relevés par l'un, reconnus ensuite par l'autre ou, au cas où on n'aurait pas voulu les faire, franchement désavoués. Les échanges francs et honnêtes comportent de nombreuses résonances, et cependant les participants « savent où ils en sont » les uns avec les autres. Toutefois, au pôle opposé de la théorie, les conversations peuvent être caractérisées par la présence de nombreux sous-entendus ou « insinuendos » désavoués, inavoués, contradictoires ou paradoxaux.

a) Une constatation ostensible est en réalité une injonction.

Constatation ostensible : « Il fait froid. »

Injonction : « Allume le feu. »

b) Une injonction est en réalité une attribution.

Injonction : « Demande à John ce qu'il en pense. »

Attribution : « Tu n'es qu'une petite sotte. »

c) Une offre d'aide est en réalité une menace.

Offre d'aide : « Un changement d'atmosphère te fera du bien. »

Menace : « Si tu ne changes pas d'attitude, on se débarrassera de toi. »

d) Une déclaration compatissante est en réalité une accusation.

Déclaration compatisante (attribution) : « Tu es à bout de nerfs. »

Accusation : « Ta conduite est abominable. »

Jill peut répondre à chacune des déclarations précédentes par :

a) « En fait, ceci est un ordre. »

b) « En fait, tu dis que je suis une sotte. »

c) « En fait, tu dis que si je ne me domine pas, tu déclareras que je suis folle et tu me feras enfermer. »

d) « En disant que tu sais que je n'ai pas pu m'empêcher de faire cela, tu crois que tu ne dois pas me juger responsable parce que tu trouves que j'ai mal agi. »

Mais Jack niera tout sous-entendu de sa part et, de plus, il donnera à entendre que Jill a tort, qu'elle est folle, ou méchante de penser qu'il y a un sous-entendu quelconque. Nouveau sous-entendu qui, à son tour, sera désavoué. A la prochaine simple constatation, si Jill réagit comme s'il s'agissait d'une simple constatation, elle se verra accuser d'être insensible, ou de refuser exprès de « savoir parfaitement » ce que cela veut dire. Les niveaux de l'explicite peuvent correspondre ou non aux niveaux de l'implicite, alors qu'au niveau de l'implicite, une seule personne peut communiquer à la fois deux ou plusieurs sous-entendus paradoxaux.

Un nexus fermé de trois ou quatre personnes maintiendra un *statu quo* qui leur convient, formant une alliance collusoire afin de neutraliser quiconque menacerait la stabilité du système. Ainsi, dans un nexus familial, la moindre déclaration, le moindre geste agit comme une chose tout à fait différente de ce qu'elle « a l'air » d'être et rien ne « garantit » qu'une action « signifie » ce qu'elle paraît signifier. Un profane ne se rendra pas compte avant longtemps de ce qui se passe « en réalité ». Les échanges sont ennuyeux, répétitifs, ne portent que sur des futilités. L'énergie du nexus est utilisée aux fins d'empêcher qu'il se passe quoi que ce soit. On pose une question à une fillette en présence de sa famille. Une tante « compréhensive » intervient : « Dis au docteur ce qui ne va pas, ma chérie. » L'injonction latente est la suivante : « Pas de commentaires. On te demande de ne pas faire ou être ce qu'on te dit de faire ou d'être. »

« Tu es un salaud » peut vouloir dire : « Je ne t'aime pas, tu es ignoble, je suis furieux contre toi. » Nous avons tendance à *présumer* que cette phrase contient ce genre de sous-entendus. Certaines personnes s'attirent des ennuis parce qu'elles ne savent jamais si elles ont raison ou non de faire de telles suppositions. Elles font l'objet de divers diagnostics cliniques :

S'agit-il d'une constatation concernant mes parents ?

D'une attribution me concernant ?

D'une déclaration concernant *mes* sentiments à votre égard ?

Sérieux ou badin ?

Nombreux sont les « cas limites » et les patients schizophrènes qui ne cessent de se demander ce que « veut dire » *n'importe quelle* déclaration car n'importe quelle déclaration peut fonctionner d'innombrables manières. A-t-il voulu faire de l'esprit ? Voulait-il parler de mes parents ? Peut-être devrais-je demander à voir mon acte de naissance. Cherche-t-il à m'éprouver pour voir si je suis « susceptible » ? Cela ne mène plus à rien de considérer ce genre de préoccupations comme un ressassement obsessionnel et d'en chercher la « cause » dans la « pathologie » organique. La capacité de parler le français est organiquement déterminée. De même la capacité de parler l'anglais, ainsi que la confusion d'esprit de nombreux enfants bilingues. Il y a des gens à qui l'on apprend plusieurs « langages » dans la même langue. La difficulté qu'éprouvent certaines personnes à « savoir » ou à « sentir » à quel « langage » ou « mode de communication » appartiennent quatre mots peut provenir de ce qu'elles ont grandi dans un nexus où noir « voulait dire » tantôt noir, tantôt blanc, tantôt les deux. Les néologismes des schizophrènes, leurs modifications de la syntaxe, leurs intonations bizarres, leur manière de scinder les mots et les syllabes, ainsi que d'autres opérations équivalentes appliquées au geste et à l'expression non verbale doivent être évalués en fonction du système de communication où ils fonctionnaient au départ ou continuent de fonctionner.

Voici encore quelques aperçus de ces interactions dans les familles.

Le père, la mère et le patient (un jeune homme de vingt ans, paranoïde schizophrène, hospitalisé) étaient en train de se disputer. Le patient prétendait qu'il était « égoïste », alors que ses parents lui disaient qu'il ne l'était pas. Le médecin demanda au patient de donner un exemple de ce qu'il entendait par « égoïste ».

LE PATIENT : Eh bien, parfois quand ma mère me prépare un repas plantureux et que je ne le mange pas si je n'en ai pas envie.

Les parents se taisaient tous les deux. Manifestement, leur fils avait marqué un point.

LE PÈRE : Mais il n'a pas toujours été comme cela, vous savez. Il a toujours été un bon garçon.

LA MÈRE : C'est sa maladie, n'est-ce pas, docteur ? Il n'a jamais été ingrat. Il a toujours été très poli et bien élevé. Nous avons fait tout ce que nous pouvions pour lui.

LE PATIENT : Non, j'ai toujours été égoïste et ingrat. Je n'ai aucun amour-propre.

LE PÈRE : Mais si.

LE PATIENT : Je pourrais en avoir si vous me respectiez. Personne ne me respecte. Tout le monde se moque de moi. Je suis la tête de Turc de tout le monde. Parfaitement, je suis un clown.

LE PÈRE : Mais, mon garçon, je te respecte, parce que je respecte un homme qui se respecte lui-même.

Un garçon de sept ans avait été accusé par son père de lui avoir volé son stylo. Il protesta énergiquement de son innocence mais on ne le crut pas. Sa mère, peut-être pour empêcher qu'il fût doublement puni, comme voleur et comme menteur, dit à son père qu'il lui avait avoué avoir volé le stylo. Cependant, l'enfant refusait toujours de reconnaître ce vol et son père lui donna une raclée pour avoir volé et pour avoir menti deux fois. Comme ses parents le traitaient tous les deux comme s'il avait commis et avoué ce forfait, il commença à se dire qu'après tout il arrivait à se rappeler qu'il l'avait fait, et même il ne savait plus très bien s'il l'avait avoué ou non.

Par la suite, sa mère découvrit qu'en effet il n'avait pas volé le stylo et le reconnut devant l'enfant, sans toutefois en parler à son père. Elle dit à son fils :

« Viens embrasser ta maman, ne soyons plus fâchés. »

Il sentait vaguement qu'embrasser sa mère et se réconcilier avec elle dans ces conditions avait quelque chose de malsain. Cependant, l'envie de s'approcher d'elle, de la serrer dans ses bras et d'être de nouveau d'accord avec elle était si forte qu'elle en devenait presque intolérable. Bien qu'incapable de formuler clairement la situation, il tint bon, ne fit pas un mouvement vers elle. Elle dit alors :

« Eh bien, si tu n'aimes pas ta maman, je n'ai plus qu'à m'en aller », et elle quitta la pièce.

Il lui sembla que tout tournait autour de lui. Le désir était insupportable mais, tout à coup, tout fut différent bien que rien n'eût changé. Il voyait la chambre et se voyait lui-même pour la première fois. L'envie de se blottir avait disparu. Il avait pénétré, en quelque sorte, dans une autre région. Il était seul. Se pouvait-il que cette femme eût un rapport quelconque avec lui ? Devenu un homme, il pensait que cet incident était un moment crucial de sa vie : une délivrance, mais dont il fallait payer le prix.

Il y a d'innombrables manières de dresser quelqu'un à se méfier de ses sens. Pour n'en choisir et commenter que quelques aspects, l'injonction : « Viens embrasser ta maman, ne soyons plus fâchés » semble sous-entendre :

1. J'ai tort.
2. Je t'ordonne de te réconcilier avec moi.

Mais la chose est ambiguë car l'injonction peut être une prière déguisée en ordre. Il se peut que la mère implore l'enfant de lui pardonner :

1. Tout ce que j'ai fait, c'était pour ton bien.
2. Je te supplie de te réconcilier avec moi.

Mais la supplication, si c'en est une, est assortie d'un « chantage ». « Je suis toujours la plus forte. Si tu ne m'embrasses pas, cela n'a pas tant d'importance pour moi et je t'abandonnerai. » La situation n'est guère « définie », il s'agirait plutôt d'innombrables « insinuendos » fugitifs, de multiples sous-entendus fragmentaires. La personne placée dans une situation de ce genre ne peut faire aucune métadéclaration exprimant l'un des multiples « insinuendos » sans s'exposer au ridicule. Cependant, ils y sont tous et leur effet se conjugue de manière décisive. Quelques-uns de ces « insinuendos » peuvent être les suivants :

1. J'ai tort.
2. Je voudrais me réconcilier avec toi.
3. Je t'en prie, réconcilie-toi avec moi.
4. Je t'ordonne de te réconcilier avec moi.
5. Après tout, j'ai fait tout cela pour ton bien.
6. Tu devrais m'être plus reconnaissant de ce que j'ai fait pour toi.
7. Ne te figure pas que ton père te croira.
8. Toi et moi, nous savons tout. Personne d'autre n'est au courant.
9. Tu sais que tu as besoin de moi. Moi, je n'ai pas besoin de toi.
10. Si tu continues, je t'abandonnerai. Cela t'apprendra.

11. A présent, c'est fini. Oublions tout cela.

12. Maman ne t'en veut pas de tous les ennuis qu'elle a eus à cause de toi et de ce bête stylo.

13. C'est à prendre ou à laisser. Si tu refuses, je t'abandonnerai.

Les équations peuvent être :

m'embrasser $=$ m'aimer $=$ me pardonner $=$ être bon ;

ne pas m'embrasser $=$ me détester $=$ ne pas me pardonner $=$ être méchant.

Il sera facile au lecteur d'allonger d'autant la liste.

La mère de Betty disait volontiers de sa fille : « Elle est pleine de sagesse. » Cela signifiait que tout ce que faisait effectivement Betty était très sot parce qu'aux yeux de sa mère, en réalité, elle ne faisait jamais ce qu'il était sage de faire. Sa mère persistait à croire que Betty savait ce qu'il était « sage » de faire, bien que, par quelque étrange aberration qui ne pouvait être attribuée qu'à une « maladie mentale », elle ne fît jamais que des sottises. L'une de ses sentences favorites était la suivante : « Betty peut faire ce qu'elle veut, bien sûr, mais je sais qu'elle est pleine de sagesse et qu'elle se conduira toujours raisonnablement, dans la mesure où elle se porte bien, évidemment. »

Nous avons déjà considéré Raskolnikov, dans *Crime et châtiment*, quant à la façon dont il confond le rêve, le fantasme, l'imagination et la perception à l'état de veille. Non seulement Dostoïevski nous décrit la chose mais il établit un rapport entre l'expérience de

Raskolnikov et la situation où il est « placé » avant le meurtre. Il dépeint Raskolnikov « placé » dans une situation qu'on pourrait qualifier de « fausse », « impraticable », « intenable », « impossible ».

La veille du jour où il assassine la vieille usurière, *quelques heures avant son « rêve effrayant »*, Raskolnikov reçoit une lettre de sa mère. C'est une longue lettre, d'environ quatre mille cinq cents mots.

Sa longueur lui confère certaines de ses qualités essentielles. En la lisant, on se sent peu à peu enveloppé d'un brouillard d'émotions où il est très difficile de garder son calme. Quand on en eut donné lecture à un groupe de huit psychiatres, tous avouèrent avoir éprouvé un sentiment de tension intérieure ; deux déclarèrent qu'ils avaient eu une sensation physique d'étouffement ; trois autres dirent qu'ils avaient ressenti de violentes crispations viscérales. La qualité de la lettre qui provoque une réaction si intense se perd inévitablement, en partie, dans les extraits suivants qui, néanmoins, font apparaître certains rouages de la « machine ».

La lettre commence en ces termes (p. 69 et suiv.) :

Mon cher Rodia, [...] voilà déjà plus de deux mois que je ne me suis pas entretenue avec toi par écrit, ce dont j'ai souffert moi-même au point d'en perdre souvent le sommeil. Mais j'espère que tu me pardonneras ce silence involontaire. Tu sais combien je t'aime. Nous n'avons que toi, Dounia et moi ; tu es tout pour nous, tout notre espoir, toute notre confiance en l'avenir...

Elle poursuit en exprimant son inquiétude au sujet de la carrière de son fils et de leurs difficultés financières :

Mais, maintenant, je crois que je pourrai, grâce à Dieu, t'expédier quelque chose. Du reste, nous pouvons, il me semble, remercier le sort à présent, ce dont je m'empresse de te faire part. Tout d'abord, tu ne te doutes probablement pas, cher Rodia, qu'il y a déjà six semaines que ta sœur habite avec moi et que nous pensons ne plus nous séparer...

De fait, nous n'apprendrons pourquoi il faut remercier le sort que quelque deux mille mots plus loin, car Mme Raskolnikov se lance dans un récit détaillé de l'humiliation qu'a récemment subie sa fille Dounia, chez les Svidrigailov. Elle n'en a pas parlé plus tôt à Rodia parce que :

Si je t'avais avoué toute la vérité, tu aurais tout quitté pour venir nous retrouver, te fallût-il faire le chemin à pied, car je connais bien ton caractère et tes sentiments et *tu n'aurais jamais laissé insulter ta sœur.*

La réputation de Dounia a été salie par Mme Svidrigailov qui l'a accusée d'être une femme immorale et d'avoir une liaison avec son mari. Finalement, Dounia a été réhabilitée publiquement et

... tout le monde s'est mis à lui témoigner une grande considération. C'est à tout cela, je pense, qu'il faut attribuer surtout l'événement inattendu qui change, si je puis dire, toute notre vie. Sache, cher Rodia, que Dounia a été demandée en mariage et qu'elle a déjà donné son consentement, ce dont je m'empresse de te faire part. Et, bien que tout se soit fait sans te consulter, j'espère que tu n'en voudras ni à ta sœur ni à moi-même, car tu comprendras que nous ne pouvions laisser traîner les choses jusqu'à ta réponse. D'ailleurs, toi-même, tu n'aurais pu juger convenablement les faits de loin.

Voici comment tout s'est passé...

Suit la description du fiancé de Dounia, Piotr

Petrovitch Loujine, « un fonctionnaire qui a rang de conseiller », qui est un chef-d'œuvre du genre.

... c'est un parent éloigné de Marfa Petrovna, qui a agi puissamment dans cette circonstance [...] Nous l'avons convenablement reçu, il a pris le café, et, le lendemain même, nous a envoyé une lettre dans laquelle il faisait fort poliment sa demande et sollicitait une réponse décisive et prompte. C'est un homme actif et fort occupé ; il a hâte de se rendre à Pétersbourg, si bien qu'il n'a pas une minute à perdre.

Nous fûmes d'abord stupéfaites, tu le comprends, tant la chose était inattendue et rapide et nous passâmes, ta sœur et moi, toute la journée à examiner la question et à réfléchir. C'est un homme honorable et qui a une belle situation ; il est fonctionnaire dans deux administrations et possède déjà un certain capital. Il est vrai qu'il a quarante-cinq ans, mais son visage est assez agréable et peut encore plaire aux femmes. Il paraît fort posé et très convenable, seulement un peu sombre, je dirais hautain. Mais il est possible que ce ne soit qu'une apparence trompeuse.

Je dois encore te prévenir, cher Rodia, ne te hâte pas, quand tu le verras bientôt à Pétersbourg, ce qui ne saurait tarder, de le condamner trop vite et trop durement, comme tu en as l'habitude, si quelque chose en lui te déplaît. Je te dis cela à tout hasard, quoique je sois bien sûre qu'il produira sur toi une impression favorable. Du reste, pour prétendre connaître quelqu'un, il faut le voir et l'observer longtemps et avec soin, sous peine d'éprouver des préventions et de commettre des erreurs qu'il est bien difficile de réparer plus tard.

En ce qui concerne Piotr Petrovitch, tout porte à croire que c'est un homme fort respectable. Il nous a déclaré, à sa première visite, qu'il a l'esprit positif, mais qu'il partage, comme il dit lui-même, sur bien des points, l'opinion de nos nouvelles générations et qu'il est l'ennemi de tous les préjugés. Il a encore dit bien des choses, car il semble un peu vaniteux et aime se faire écouter, mais ce n'est pas un crime. Je n'ai naturellement pas compris grand-chose à ce qu'il disait, mais Dounia m'a expliqué que, bien qu'il soit médiocrement instruit, il paraît intelligent et bon. Tu connais ta sœur, Rodia, c'est une jeune fille énergique, raisonnable, patiente et généreuse, bien qu'elle possède un cœur ardent, ainsi que j'ai pu m'en convaincre. Assurément, il n'est pas question, ni pour l'un ni pour l'autre, d'un grand amour, mais Dounia n'est pas seulement intelligente ; c'est encore un être plein de noblesse, un véritable ange et elle se fera un devoir de rendre heureux son mari qui, à son tour, s'appliquera à faire son bonheur, chose dont nous n'avons, jusqu'à présent, aucune raison de douter, quoique le mariage se soit arrangé bien vite, il faut l'avouer. Du reste, il est très intelligent et avisé et comprendra certainement que son propre bonheur conjugal dépendra de celui qu'il donnera à Dounetchka.

Pour ce qui est de certaines inégalités d'humeur, d'anciennes habitudes, d'une divergence d'opinions... (ce qui se rencontre dans les ménages les plus heureux), Dounetchka m'a dit elle-même qu'elle compte sur elle pour arranger tout cela, qu'il ne faut pas s'inquiéter là-dessus, car elle se sent capable de supporter bien des choses à la condition que leurs rapports soient sincères et justes. L'apparence, du reste, est souvent trompeuse. Ainsi, lui m'a paru d'abord un peu brusque, tranchant, mais cela peut provenir de sa droiture précisément, et rien que de cela.

Le passage suivant de la lettre est destiné principalement à faire entendre que la seule raison qui puisse inciter Dounia à épouser ce tyran manifestement insupportable de suffisance et d'ennui, c'est l'intérêt de Rodia.

... nous avons décidé, Dounia et moi, que tu peux, dès à présent, commencer ta carrière et considérer ton sort comme réglé. Oh ! si cela pouvait se réaliser ! Ce serait un si grand bonheur qu'on ne pourrait l'attribuer qu'à une faveur spéciale de la Providence. *Dounia ne songe qu'à cela.*

Et, plus loin :

... Dounia n'a plus que cette idée en tête. Elle vit depuis quelques jours dans une véritable fièvre et elle a déjà échafaudé un plan d'avenir ; elle t'imagine travaillant avec Piotr Petrovitch et même devenu son associé, d'autant plus que tu fais des études de droit.

Finalement, elle lui annonce qu'elle va venir avec Dounia à Saint-Pétersbourg pour le mariage que, « pour certaines raisons personnelles », Loujine voudrait conclure le plus tôt possible.

Oh ! avec quel bonheur je te presserai sur mon cœur ! Dounia est toute bouleversée de joie à l'idée de te revoir, et elle m'a dit une fois, en plaisantant, que cela seul suffirait à lui faire épouser Piotr Petrovitch. C'est un ange.

La lettre se termine ainsi :

Et maintenant mon bien-aimé Rodia, je t'embrasse en attendant notre prochaine réunion et t'envoie ma bénédiction maternelle. Aime Dounia, aime ta sœur, Rodia, aime-la comme elle t'aime et sache que sa tendresse est infinie, elle t'aime plus qu'elle-même ; c'est un ange, et toi, Rodia, tu es toute notre vie, notre espoir et notre foi en l'avenir. Sois seulement heureux et nous le serons aussi. Continues-tu à prier Dieu, Rodia, crois-tu en la miséricorde de notre Créateur et de notre Sauveur ? Je redoute en mon cœur que tu n'aies été atteint de cette maladie à la mode, l'athéisme. S'il en est ainsi, sache que je prie pour toi, souviens-toi, chéri, comment dans ton enfance, quand ton père vivait encore, tu balbutiais tes prières, assis sur mes genoux et comme nous étions heureux alors.

A bientôt, je t'embrasse mille et mille fois.

A toi jusqu'au tombeau.

Poulkheria Raskolnikova.

Voici la réaction immédiate de Raskolnikov à cette lettre :

A la lecture de cette lettre, Raskolnikov sentit plus d'une fois son visage mouillé de larmes, mais, quand il eut fini, il

était pâle, les traits convulsés et un lourd, amer et cruel
sourire se jouait sur ses lèvres. Il appuya sa tête sur son
oreiller maigre et malpropre et resta longtemps, longtemps
à songer. Son cœur battait très fort, son esprit se troublait.
Enfin, il se sentit étouffer dans cette étroite cellule jaune
pareille à une malle ou à un placard. Ses yeux, son cerveau réclamaient l'espace. Il prit son chapeau et sortit, mais
sans redouter cette fois aucune rencontre sur l'escalier. Il
avait oublié toutes ces choses. Il se dirigea vers l'île Vassi-
levski par le boulevard V... Sa démarche était rapide comme
celle d'un homme poussé par une affaire urgente. Il allait,
selon son habitude, sans rien voir autour de lui, en mar-
mottant des bribes de mots indistincts et les passants se
retournaient. On le prenait souvent pour un ivrogne.

Examinons à présent la situation dans laquelle cette
lettre place Raskolnikov. On lui dit : « Je sais que
tu ne laisserais jamais humilier ta sœur. » On lui
dit aussi que sa sœur, après une expérience affreu-
sement humiliante, se dispose à subir, comme sa mère
le lui explique, une humiliation plus grande encore.
Alors que, dans le premier cas, elle était elle-même
irréprochable, dans le second, en concluant un mariage
qui n'est rien de moins qu'une prostitution légalisée,
elle corrompt sa propre intégrité. On lui dit qu'elle ne
le fait que pour lui. Et on s'attend à ce qu'il s'en
réjouisse.

Cependant, sa mère l'a déjà défini comme un
homme qui ne tolérerait jamais qu'on humilie sa sœur.
Faut-il en même temps qu'il soit un homme qui per-
mette qu'elle se vende par amour pour lui ? C'est une
situation intenable.

Quand il s'agit du bonheur, le garrot se resserre.
« Pourvu que tu sois heureux, nous serons heureuses. »
Compte tenu de la personne qu'il est censé être, com-

ment un tel état de choses pourrait-il le rendre heureux ?

Quand on en vient à la religion et à l'athéisme, le garrot se resserre plus encore. La majeure partie de la lettre est consacrée à montrer comment quelqu'un sacrifie sa vie afin de se procurer assez d'argent pour que quelqu'un d'autre atteigne la réussite. Ce qui dénote le « cœur d'or » de Dounia, expression ambiguë à souhait, et à quel point elle est un ange.

Cependant, dans quelle situation se trouve un chrétien dans le rôle de bénéficiaire de cette faveur ?

Dounia et sa mère ne sont que trop heureuses de se sacrifier pour placer en Rodia « notre espoir et notre foi en l'avenir ». D'une part, elles souhaitent manifestement qu'il gagne de l'argent pour les tirer du pétrin. D'autre part, elles lui disent que tout ce qu'elles lui demandent, c'est d'être heureux. En même temps, sa mère craint qu'il ait succombé à « cette maladie à la mode, l'athéisme » qui incite, entre autres, à faire passer « le monde » avant l'amour !

Démêler tous les fils de ces écheveaux, qu'il s'agisse de l'ensemble de la lettre ou seulement des extraits cités ci-dessus, les contradictions inavouées, les paradoxes, l'hypocrisie à niveaux multiples, nécessiterait une étude infiniment plus longue que la lettre elle-même.

C'est un exercice utile d'imaginer, en lisant cette lettre, quel serait son effet probable sur la personne à qui elle est destinée. Comme nous l'avons indiqué plus haut, il faut penser transpersonnellement, non seulement au trouble contenu *dans* la lettre, mais à son effet *troublant* sur quelqu'un d'autre.

Résumons-en quelques aspects.

La personne à qui la lettre est adressée se trouve

soudain placée dans un ensemble de situations incompatibles.

Une injonction implicite et diffuse l'incite à la collusion, à chacun des niveaux multiples d'hypocrisie ; d'autres attributions sous-entendent l'impossibilité, pour le destinataire, de le faire ; d'autres lui interdisent en fait d'être hypocrite, en particulier l'allusion finale à la religion candide de l'enfance, époque où les paroles sont prises à la lettre.

Il devrait être heureux parce qu'alors « nous serons heureuses ». Mais étant l'homme que sa mère lui dit qu'il est, il ne pourrait jamais être heureux devant l'immense « sacrifice » de sa sœur. Cependant, s'il n'est pas heureux, il les rend malheureuses. Si bien qu'il sera probablement égoïste s'il est heureux, égoïste s'il est malheureux, coupable en étant heureux et coupable en étant malheureux.

Dounia est à maintes reprises définie comme un ange. En effet : « Vois ce qu'elle est prête à faire pour toi. » Ce qui contient une injonction implicite lui interdisant d'oser la définir d'une manière négative, sous peine d'ingratitude. Il faudrait qu'il fût un monstre pour éprouver d'autres sentiments que la reconnaissance à l'égard d'une créature aussi céleste, dotée d'un cœur de dix-huit carats, ou interpréter son acte dans un autre sens que celui du sacrifice de soi-même. Cependant, s'il est l'homme qu'on lui dit qu'il est, il faut qu'il empêche la chose de se faire. A moins qu'il fasse quelque chose d'abominable, c'est déjà *presque un fait accompli.* Alors qu'on lui donne des raisons d'éprouver de la haine, de la rancune, de l'amertume, de la honte, un sentiment de culpabilité, d'humiliation, d'impuissance, on lui dit en même temps qu'il devrait être heureux. Agir dans n'importe quel sens approuvé par la lettre, ou s'en tenir à une seule position choisie parmi les nombreuses incompatibilités contenues *dans* la lettre, exige qu'il soit défini, dans le cadre de la lettre, comme un être vindicatif et méchant.

Quand il rencontrera Loujine, il ne faudra pas le condamner trop vite et trop durement, « comme tu en as l'habitude, si quelque chose en lui te déplaît [...] quoique je sois bien sûre qu'il produira sur toi une impression favorable ». La suite de la lettre s'attache à rendre impossible que Loujine produise sur lui autre chose que la pire impression.

Il faut qu'il soit chrétien. Mais s'il est chrétien, il agirait mal en souscrivant à un projet aussi impie pour acquérir de l'argent et une situation sociale. Il pourrait y souscrire s'il était impie, mais s'il était impie, il serait méchant.

Les pensées en désordre, écrasé par l'obligation d'être reconnaissant de ce sacrifice qu'il n'a pas sollicité, Raskolnikov sort de chez lui, ruminant des projets pour empêcher Dounia d'épouser cet affreux personnage. Les agissements de ces femmes décident de son avenir, à moins qu'il fasse quelque chose d'abominable, et cet avenir est impossible.

Cette lettre éclate, en quelque sorte, en lui. Il est, comme on dit, brisé. Dostoïevski nous montre quelques-uns des débris. Napoléon en imagination, petit garçon en rêve, vieille mégère en fantasme, assassin dans les faits. Finalement, par son crime et son châtiment, il arrive à rejoindre Sonia, et Dounia trouve le bonheur avec son ami Razoumikine. Sa mère mourra folle.

APPENDICE

Notation des perspectives dyadiques[1]

Pour qu'une vraie relation puisse s'établir entre deux personnes, il est indispensable qu'elles se fassent réciproquement des attributions « réussies ».

La vie interpersonnelle se déroule au sein d'un nexus de personnes où chacune passe son temps à deviner, présumer, inférer, croire, avoir confiance ou suspecter, sans cesser de se réjouir ou de se tourmenter sous l'effet de ses fantasmes concernant l'expérience, les mobiles et les intentions des autres. Et les fantasmes n'ont pas trait seulement aux expériences et aux intentions d'autrui, ils se rapportent également à ses fantasmes concernant votre propre expérience et vos intentions, ainsi qu'à ses fantasmes concernant vos fantasmes concernant ses fantasmes ayant trait à votre expérience, etc. L'on ne saurait commettre de plus grave erreur que de supposer que ces questions ne sont que des complications « théoriques » sans conséquence sur le plan pratique. Il y a des gens qui mènent leur vie à une certaine distance, sur le plan

1. Ce schéma a été exposé en détail dans Laing, Phillipson et Lee (1966).

du fantasme, de leur expérience immédiate ou de leurs intentions propres. Les interactions familiales sont souvent dominées par ces problèmes. Un analyste ou un psychothérapeute utilise constamment sa capacité de faire des inférences valables (du moins on l'espère) concernant les fantasmes du malade à son sujet. Ce qui suit est un bref « exercice » en cette matière, où l'on emploie une notation simple :

la propre personne, p

la façon dont la propre personne se voit, $p \rightarrow p$

la façon dont la propre personne voit l'autre, $p \rightarrow o$

De même,

l'autre personne, o

la façon dont l'autre personne se voit, $o \rightarrow o$

la façon dont l'autre personne voit la propre personne, $o \rightarrow p$

la façon dont la propre personne, p, voit la façon dont l'autre, o, se voit, $p \rightarrow (o \rightarrow o)$

la façon dont la propre personne, p, voit la façon dont l'autre, o, la voit, $p \rightarrow (o \rightarrow p)$

De même,

la façon dont l'autre, o, voit la façon dont la propre personne, p, se voit, $o \rightarrow (p \rightarrow p)$

la façon dont l'autre, o, voit la façon dont la propre personne, p, la voit, $o \rightarrow (p \rightarrow o)$

$>$ meilleur que

$:$ comparé à

$\equiv$ équivalent à

$\not\equiv$ non équivalent à

Voici, à présent, quelques exemples destinés à illustrer l'application pratique de cette sténographie.

Exemple 1

L'idée que p se fait de l'idée que o se fait de ce qu'il, p, pense de lui-même, p

$$p \to (o \to (p \to p))$$

Un petit garçon est « puni » pour avoir fait quelque chose de « mal ». Il ne regrette pas ce qu'il a fait, mais il sait qu'on attend de lui à la fois qu'il dise qu'il le regrette et qu'il ait l'air de le regretter.

A ce moment, ce qui est en cause, pour lui, se présente de la façon suivante :

$p \to p$	Je ne regrette rien.
$p \to (o \to p)$	Maman est fâchée contre moi. Elle veut que je dise que je *regrette* et elle veut que j'*éprouve* du regret. Je sais comment *avoir l'air* de regretter.

De sorte que :

$p \to p \not\equiv$	$p \to (o \to (p \to p))$
Je ne regrette rien.	Elle croit que je regrette.

Donc :

« Je sais comment la rouler. »

Cette conclusion est fondée sur $p \to (o \to (p \to p))$

l'idée que se fait le garçon, selon laquelle sa mère croit qu'il regrette.

Autrement dit, l'idée qu'elle se dira à peu près ceci : « Maintenant, le voilà redevenu un bon petit garçon, il *regrette*. »

Mais il se peut que sa mère ne soit pas dupe.

Il se peut qu'elle voie que ce sont « des simagrées », mais qu'elle laisse passer la chose.

A ce moment-là, elle devra faire appel aux astuces suivantes :

$$o \rightarrow (p \rightarrow (o \rightarrow (p \rightarrow p)))$$

Je vois qu'il croit que je crois qu'il regrette.

Exemple 2

L'idée que se fait p de l'idée que se fait o de la façon dont p voit o

$$p \rightarrow (o \rightarrow (p \rightarrow o))$$

Par exemple : un mari, p, croit que sa femme, o, croit qu'il ne sait pas qu'elle ne l'aime plus.

Ce qui implique en général :

$$(p \rightarrow o)$$

la façon dont il la voit.

La situation, du point de vue de la femme, o, impliquerait :

$$o \rightarrow (p \rightarrow o)$$

la façon dont elle pense qu'il la voit.

Elle pourrait penser :

$o \rightarrow$ $(p \rightarrow$ $(o \rightarrow p))$

« Je suppose   qu'il croit   que je l'aime. »

Du point de vue du mari :

$p \rightarrow$ $(o \rightarrow$ $(p \rightarrow$ $(o \rightarrow pj))$

Il croit que sa femme   qu'il   qu'elle l'aime.
                     croit   suppose

Exemple 3

o a menti et on l'a démasqué. Il a honte d'avoir été démasqué, mais non pas d'avoir menti $(o \rightarrow o)$.

p croit que o a honte de mentir :

$$p \rightarrow (o \rightarrow o)$$

o sait que p « s'attendrira » s'il, p, croit qu'il, o, est honteux :

$$(o \rightarrow (p \rightarrow (o \rightarrow o)))$$

donc il se conduit comme s'il, o, croyait que p était toujours fâché contre lui, o.

p croit que o se conduit ainsi parce qu'il, o, croit qu'il, p, est toujours fâché contre lui, o, parce qu'il, p, est incapable de comprendre à quel point o est honteux, soit :

$$p \rightarrow (o \rightarrow (p \rightarrow (o \rightarrow o)))$$

Exemple 4

$$o \rightarrow (p \rightarrow (o \rightarrow (p \rightarrow p)))$$
$$p \rightarrow (o \rightarrow (p \rightarrow (o \rightarrow p)))$$

Soit un roi et un courtisan.

Le roi, *p*, voudrait que quelqu'un se montre franc et honnête avec lui, de manière à savoir *vraiment* ce que l'autre pense de lui, ce qui donne

$$p \rightarrow (o \rightarrow p) \equiv o \rightarrow p$$

L'autre dit : « Je suis incapable de vous flatter », avec l'espoir que *p* pensera qu'il, *o*, veut dire ceci :

$$o \rightarrow (p \rightarrow (o \rightarrow p))$$

Mais *p* pense : « Il croit qu'il va m'avoir avec ce vieux truc », c'est-à-dire :

$$p \rightarrow (o \rightarrow (p \rightarrow (o \rightarrow p)))$$

Exemple 5

$$\frac{o \rightarrow (p \rightarrow (o \rightarrow (p \rightarrow o)))}{p \rightarrow (o \rightarrow (p \ \phi \leftarrow o) \leftarrow \rightarrow o))))}$$

Un « paranoïde », *p*

Sa femme, *o*

Il est convaincu qu'elle le trompe afin de le rendre jaloux ; mais il ne montre pas qu'il le sait. Il fait donc semblant d'être jaloux (bien qu'il ne le soit pas) afin de savoir si la chose est vraie. Mais il n'est pas sûr qu'elle ne voie pas clair dans son jeu.

Autrement dit, il croit qu'elle croit avoir réussi à provoquer sa jalousie, mais 1° il se peut qu'elle ne le trompe pas, qu'elle fasse seulement semblant de le tromper, si bien que 2° il fera seulement semblant d'être jaloux, mais 3° il se peut qu'elle se rende compte qu'il se rend compte qu'elle n'est pas sûre

qu'il soit vraiment jaloux. Le schéma suivant, tracé en
« oignon », permettra peut-être de mieux voir la
distance prise par rapport à la rétroaction (*feedback*)
directe :

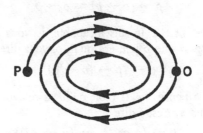

P ●   ● O

Dans cette situation « paranoïde », il semble qu'il
y ait un manque de rétroaction négative, et une sorte
de « fuite » dans une régression presque infinie
(rumination obsessionnelle, etc.).

Nous conclurons ces considérations en invitant le
lecteur à méditer sur l'habileté avec laquelle les deux
parties utilisent les attributions dans ce match d'es-
crime verbale entre mari et femme.

ELLE : Je t'aime, chéri, tu le sais bien.

$$p \rightarrow o \qquad\qquad o \rightarrow (p \rightarrow o)$$

LUI : ... et moi aussi je t'aime, chérie.

$$o \rightarrow (p \rightarrow o \equiv p \rightarrow o \equiv o (p \rightarrow o)$$

ELLE : Je t'aime, mais tu me trouves idiote.

$$p \rightarrow o \equiv p \rightarrow (o \rightarrow p)$$

LUI : Tu fais de la projection.

$$p \rightarrow (o \rightarrow p) \not\equiv o \rightarrow p$$
$$\text{mais} : p \rightarrow (o \rightarrow p) \equiv p \rightarrow o$$
$$\text{ou} : p \rightarrow p \equiv p \rightarrow (o \rightarrow p)$$

ELLE : Cela ne veut rien dire. Tu me prends *vraiment* pour une idiote.

$$o \rightarrow (o \rightarrow p) \not\equiv o \rightarrow p \quad p \rightarrow (o \rightarrow p) \equiv o \rightarrow p$$

LUI : Je n'ai jamais rien dit de semblable.
Etc.

ELLE : Mais tu viens de le dire.

LUI : J'ai dit que tu faisais de la projection.

ELLE : C'est bien ce que je dis ; tu ne me respectes pas.

LUI : Ce n'est pas vrai, ma chérie, tu *sais bien* que je te respecte.

ELLE : Ne me dis pas à *moi* que je sais que tu me respectes. Je sais bien que non. Tu crois toujours que tu sais mieux que moi ce que je pense.

LUI : Mais tu ne sais pas ce que tu penses. C'est pour cela que tu vois un médecin, et c'est pour cela que tu es malade. J'essaie de t'aider ; tu ne le vois donc pas ?

ELLE : Tu ne m'aides absolument pas. Tu essaies de me détruire. Tu ne supporterais jamais que je pense par moi-même.

LUI : Mais c'est justement cela que je voudrais que tu fasses. Je ne suis pas un de ces maris qui trouvent que les femmes ne doivent pas être intelligentes. Je crois que tu es une femme très intelligente.

ELLE : Alors, pourquoi ne me traites-tu pas comme si je l'étais ? Je suppose que c'est cela que tu croyais faire, hier soir, quand tu m'as injuriée en m'appelant sale putain.

LUI : Pardonne-moi ; tu m'avais mis hors de moi. Tu te conduis parfois d'une manière abominable ; c'est justement ce que tu voulais, que je t'appelle comme ça. J'avais oublié que tu es vraiment malade.

ELLE : Je ne retire rien de ce que j'ai dit.

En fin de compte, la discussion présente la structure suivante :

p (la femme) dit :

$$p \rightarrow (o \rightarrow p) > o \rightarrow (o \rightarrow p)$$
$$p \rightarrow (p \rightarrow p) > o \rightarrow (p \rightarrow p)$$
$$p \rightarrow (p \rightarrow o) > o \rightarrow (p \rightarrow o)$$

o (le mari) dit :

$$o \rightarrow (p \rightarrow p) > p \rightarrow (p \rightarrow p)$$
$$o \rightarrow (o \rightarrow p) > p \rightarrow (o \rightarrow p)$$
$$o \rightarrow (p \rightarrow o) > p \rightarrow (p \rightarrow o)$$

CHOIX BIBLIOGRAPHIQUE

La liste suivante comporte un certain nombre d'ouvrages en rapport direct avec notre étude, bien que le texte ne s'y réfère pas expressément.

BATESON G., JACKSON D.D., HALEY J. et WEAKLAND J. (1956), « Toward a theory of schizophrenia », *Behavioral Science*, n° 1, p. 251.

BATESON G. (1958), « Cultural problems posed by a study of schizophrenic process », dans Auerbach (éd.), *Schizophrenia, an integrated approach*, New York, Ronald Press.

BINSWANGER L. (1958), « The case of Ellen West », trad. W.M. Mendel et J. Lyons, dans R. May et coll. (éd.), *Existence — a new dimension in psychiatry and psychology*, New York, Basic Books.

BION W.R. (1955), « Group-dynamics ; a re-view », dans M. Klein, P. Heimann et R.E. Money-Kyrle (éd.), *New directions in psycho-analysis*. Egalement dans W.R. Bion, *Experiences in groups and other papers* (1961), Londres, Tavistock Publications ; New York, Basic Books ; en français, *Recherches sur les petits groupes*, trad. E.L. Herbert, Paris, P.U.F., 1965.

BION W.R. (1965), *Transformations*, Londres, Heinemann Medical Books.

BOWLBY J. (1958), « The nature of the child's tie to his mother », *Int. J. Psycho-Anal.*, n° 39, p. 350.

BOWLBY J. (1960), « Separation anxiety », *Int. J. Psycho-Anal.*, n° 41, p. 89.

BRODEY W.M. (1959), « Some family operations and schizophrenia », *A.M.A. Arch. Gen. Psychiat.*, n° 1, p. 379.

BRONFENBRENNER U. (1958), « The study of identification through interpersonal perception », dans R. Tagiuri et L. Petrullo (éd.), *Person perception and interpersonal behavior*, Californie, Stanford University Press.

BRUNER J.S., SHAPIRO D. et TAGIURI R. (1958), « Facial features and inference processes in interpersonal behavior », dans R. Tagiuri et L. Petrullo (éd.), *Person perception and interpersonal behavior*, Californie, Stanford University Press.

BRUNER J.S. et TAGIURI R. (1954), « The perception of people », dans G. Lindzey (éd.), *Handbook of social psychology*, vol. 2, Cambridge, Mass., Addison-Wesley.

BUBER M. (1957 *a*), « Distance and relation », *Psychiatry*, n° 20.

BUBER M. (1957 *b*), « Elements of the inter-human contact », *Psychiatry*, n° 20.

BURTT E.A. (1955), *The teachings of the compassionate Buddha*, New York, Mentor Books.

DOSTOIEVSKI F. (1967), *Crime et châtiment*, trad. D. Ergaz, Bibliothèque de la Pléiade, Paris, Gallimard.

DOSTOIEVSKI F. (1969), *Le Double, poème pétersbourgeois*, trad. G. Aucouturier, Bibliothèque de la Pléiade, Paris, Gallimard.

FERENCZI S. (1966), *Thalassa, psychanalyse des origines de la vie sexuelle*, trad. J. Dupont et S. Samama, Paris, Payot.

FREUD A. (1954), *The ego and the mechanisms of defence*, Londres, Hogarth Press.

GENDLIN E.T. (1962), *Experiencing and the creation of meaning*, New York, Free Press of Glencoe.

GENET J. (1951), *Notre-Dame-des-Fleurs*, dans *Œuvres complètes*, I, Paris, Gallimard.

GENET J. (1968), *Le Balcon*, dans *Œuvres complètes*, IV, Paris, Gallimard ; en anglais, *The balcony*, trad. J. Genet et B. Frechtman, Londres, Faber and Faber, 1957.

GIOVACCHINI P.L. (1958), « Mutual adaptation in various object relationships », *Int. J. Psycho-Anal.*, n° 39.

GLOVER E. (1945), « Examination of the Klein system of child psychology », dans *The psychoanalytic study of the child*, vol. I, Londres, Imago.

GOLDSTEIN K. (1957), « The smiling of the infant and the problem of understanding the other », *J. Psychol.*, n° 44, p. 175.

HALEY J. (1958 *a*), « The art of psychoanalysis », *ETC*.

HALEY J. (1958 *b*), « An interactional explanation of hypnosis », *Amer. J. Clin. Hypnosis*, n° 1, p. 41.

HALEY J. (1959), « An interactional description of schizophrenia », *Psychiatry*, n° 22, p. 321.

HALEY J. (1960), « Observation of the family of the schizophrenic », *Amer. J. Orthopsychiat.*, n° 30, p. 460.

HEGEL G.W.F., *La phénoménologie de l'esprit*, trad. J. Hyppolite, Paris, Aubier-Montaigne, s.d.

HEIDEGGER M. (1968), « De l'essence de la vérité, Contribution à la question de l'être », dans *Questions*, I, Paris, Gallimard.

HEIDER F. (1944), « Social perception and phenomenal causality », *Psychol. Rev.*, n° 51, p. 358.

HEIDER F. (1946), « Attitudes and cognitive organization », *J. Psychol.*, n° 21, p. 107.

HEIDER F. (1958), *The psychology of interpersonal relations*, New York, Wiley ; Londres, Chapman and Hall.

HOPKINS G.M. (1953), W.H. Gardner (éd.), *Poems and prose of Gerard Manley Hopkins*, Harmondsworth, Penguin Books ; en français, dans *Reliquiae Hopkins*, traduit par P. Leyris, Paris, Le Seuil, 1957.

ISAACS S. (1952), « The nature and function of phantasy »,
dans J. Riviere (éd.), *Developments in psycho-analysis*,
Londres, Hogarth Press ; trad. fr. par W. Baranger,
« Nature et fonction du phantasme », dans M. KLEIN,
P. HEIMANN, S. ISAACS et J. RIVIERE, *Développements
de la psychanalyse*, Paris, P.U.F., 1966.

JACKSON D.D. (1957), « A note on the importance of
trauma in the genesis of schizophrenia », *Psychiatry*,
n° 20, p. 181.

JACKSON D.D. (1959), « Family interaction, family homeo-
stasis and some implications for conjoint family therapy »,
dans J. Masserman (éd.), *Individual and familial dynamics*, New York, Grune and Stratton.

JACKSON D.D. (1959), « Schizophrenic symptoms and
family interaction », *A.M.A. Arch. Gen. Psychiat.*, n° 1,
p. 618.

JAQUES E. (1955), « Social systems as defence against
persecutory and depressive anxiety », dans M. Klein,
P. Heimann et R. Money-Kyrle (éd.), *New directions in
psycho-analysis*, Londres, Tavistock Publications.

JOURARD S.M. (1968), *Disclosing man to himself*, New
York, Van Nostrand.

LAING R.D. (1960), « The divided self », Londres, Tavistock Publications ; New York, Pantheon ; en français,
Le moi divisé, trad. Cl. Elsen, Paris, Stock, 1970.

LAING R.D. (1965), « Mystification, confusion and con-
flict », dans I. Roszormenyi-Nagy et J. L. Framo (éd.),
Intensive family therapy, New York, Harper and Row.

LAING R.D. (1967 *a*), *The politics of experience and the bird
of paradise*, Harmondsworth, Penguin ; New York, Pantheon ; en français, *La politique de l'expérience et l'Oi-
seau de paradis*, trad. Cl. Elsen, Paris, Stock, 1969.

LAING R.D. (1967 *b*), « Family and individual structure »,
dans P. Lomas, *The predicament of the family*, Londres,
Hogarth Press.

LAING R.D. (1969), « The politics of the family », Toronto, CBC Publications.

LAING R.D et ESTERSON A. (1958), « The collusive function of pairing in analytic groups », *Brit. J. med. Psychol.*, n° 31, p. 117.

LAING R.D. et ESTERSON A. (1964), *Sanity, madness, and the family*, vol. I. *Families of schizophrenics*, Londres, Tavistock Publications ; New York, Basic Books, 1965.

LAING R.D., PHILLIPSON H. et LEE A.R. (1966), *Interpersonal perception — A theory and a method of research*, Londres, Tavistock Publications ; New York, Springer.

LAPLANCHE J. et PONTALIS J.-B. (1964), « Fantasme originaire, fantasme des origines, origine du fantasme », *Les Temps modernes*, n° 19, p. 215.

LEMERT E.M. (1967), « Paranoia and the dynamics of exclusion », dans T.J. Scheff (éd.), *Mental illness and social process*, New York, Harper and Row.

MINKOWSKI E. (1933), *Le Temps vécu*, coll. de l'évolution psychiatrique, Paris, Artrey.

MOUNIER E. (1949), *Le personnalisme*, Paris, P.U.F.

NEWCOMB T.M. (1953), « An approach to the study of communicative acts », *Psychol. Rev.*, n° 60, p. 393.

NORMAN R.D. (1953), « The interrelationship among acceptance-rejection, self-other identity, insight into self and realistic perception of others », *J. soc. Psychol.*, n° 37, p. 205.

PITTENGER R.E., HOCKETT C.F. et DANEHY J.J. (1960), *The first five minutes*, New York, Paul Martineau.

RUESCH J. (1958), « The tangential response », dans Hoch et Zubin (éd.), *Psychopathology of communication*, New York, Grune and Stratton.

SARTRE J.-P. (1943), *L'Etre et le Néant*, Paris, Gallimard.

SARTRE J.-P. (1947), *Les Mouches* et *Huis clos*, dans *Théâtre* I, Paris, Gallimard.

SARTRE J.-P. (1952), *Saint Genet, comédien et martyr*, dans tome I des *Œuvres complètes de Jean Genet*, Paris, Gallimard.

SCHEFF T. (1967), *Being mentally ill*, Chicago, Ill., Aldine Books.

SEARLES H.F. (1959), « The effort to drive the other person crazy — an element in the etiology and psychotherapy of schizophrenia », *Brit. J. med. Psychol.*, n° 32, p. 1.

STRACHEY A. (1941), « A note on the use of the word " internal " », *Int. J. Psycho-Anal.*, n° 22, p. 37.

TILLICH P. (1952), *The courage to be*, Londres, Nisbet ; en français, *Le courage d'être*, trad. et avant-propos par F. Chapey, Casterman, 1967.

WATZLAWICK P., BEAVIN J.H. et JACKSON D.D. (1967), *Pragmatics of human communication*, New York, Norton ; Londres, Faber.

WHITEHORN J.C. (1958), « Problems of communication between physicians and schizophrenic patients », dans Hoch et Zubin (éd.), *Psychopathology of communication*, New York, Grune and Stratton.

WINNICOTT D.W. (1958), « Transitional objects and transitional phenomena », dans *Collected Papers*, Londres, Tavistock Publications ; en français, *De la pédiatrie à la psychanalyse*, trad. J. Kalmanovitch, Paris, Payot, 1969.

WYNNE L.C., RYCKOFF I.M., DAY J. et HIRSCH S. (1958), « Pseudo-mutuality in the family relations of schizophrenics », *Psychiatry*, n° 21, p. 205.

Ouvrage reproduit
par procédé photomécanique
Impression S.E.P.C.
à Saint-Amand (Cher), 2 octobre 1985.
Dépôt légal : octobre 1985.
1ᵉʳ dépôt légal : septembre 1980.
Numéro d'imprimeur : 1653.
ISBN 2-07-022218-7. / Imprimé en France.